三千年紀の国家

リヒテンシュタイン侯爵
ハンス・アーダムⅡ世

日本リヒテンシュタイン協会 訳

郁文堂

目次

序文

まず原稿の段階から多大な助力を頂いた方々に謝意を述べたい。本書は、国家とはいかにあるべきかという筆者自身の長年にわたる研究の成果である。筆者がその問いに初めて取り組んだのは高校生の時である。そして、政治の第一線から身を引いた今日においても、その取り組みは終わっていない。

友人であり、また本書の原稿に何度となく目を通してくれた憲法学者からは、本書は憲法学の論文なのか、政治的なマニフェストなのか、回想録なのか、はたまた歴史書なのか、と問われたものである。よくよく考えてみると、本書は我が一族が何世紀にもわたって培ってきた政治レシピのようなものであろうと思う。本書が、三千年紀の国家、一人でも多くの人々が幸福を享受できる国家を築く一助になれば幸いである。この政治レシピがいかような体裁を取ろうとも、ひとつだけ確実に言えることがある。それは、先人や過去にどれほど多くを学ぼうとも、三千年紀を生きる人々の要求に十二分に応えるものでなければならないということである。人類の歴史を鑑みれば、民主主義は前千年紀のほんの最後に始まったものに過ぎないのだ。三千年紀、人類の将来は民主的に形作られることを望んではいるが、その一方で、歴史からすれば些細な問題に過ぎない時間や地理などに制限されるものであってはならない。

では、三千年紀において人々が求める国家像とはいかなるものであろうか。若かりしころ、光栄にも個人的にお会いした、かのケネディ大統領は一九六一年の就任演説で次の名文句を唱えた。「国家が何をしてくれるかではなく、国家のために何ができるかを問おうではないか」と。当時、理想に燃える若者であった筆者はこの言葉に心を打たれたものである。しかし、小さいながらも民主主義国の元首として国内外の政治に取り組んできた今日に至り、その理想のすべてを失った、とは言わないまでも、実は正反対のことこそが正しいのではないかと半ば確信している。つまり、「国民が国家のために何ができるかではなく、国家が他のいかなる組織にも増して国民のためにできることは何かを問おうではないか」と。国家の競争相手となる組織とは、地域社会かもしれないし、国際組織かもしれない。または一民間企業かもしれない。伝統的な国家というのは非効率な独占企業であるだけでなく、永続すればするほど人類の害になる存在だと筆者は考えているが、本書を通じてその理由を示していくつもりである。

人類史、特に二十世紀の歴史をよくみてみると、国家は個々人の生活や自由にとって脅威でしかないことは明らかだ。そう考えると、あらゆる国家命令を否定する向きがいることも容易に理解できる。三千年紀も人々は国家を有することを望むのであろうか。国家なきユートピア建設という見果てぬ夢がついに実現するのであろうか。ギリシャ語のアナルキア（アナーキー）とは本来あらゆる形態の政府を否定するものであるが、元を辿れば私的所有権に基づく平和的な運動を意味するものであった。しかしながら、私的所有権は法の支配が前提となることをアナーキストたちは理解していなかったのではなかろうか。国家なくしては、法の支配など維持するどころか、そもそも実現させることすら難しいであろう。

十九世紀末に至り、一部のアナーキストたちは社会主義、共産主義イデオロギーに多大なる影響を受けることになる。それは私的所有権を否定し、暴力を推奨するものであった。国家なき平等社会を目指す共産主義は、一時期プロレタリア独裁によりその目標を達成するかにみえたが、結局は全体主義国家となって、かの悪名高きナチスの強制収容所のそれをはるかに上回る数の人々を虐殺することとなった。政治的理由により殺害された人々の数はソビエト連邦だけで二千万人にも上るといわれており、中国においてはそれをはるかに上回るともいわれている。原始共産主義と呼ばれたカンボジアでは、人口の三分の一が犠牲となったという。これらの数字が過大なものだとしても、六百万人というナチスの強制収容所の犠牲者数をはるかに上回ることは確かである。

国家社会主義と共産主義との理論的違いを指摘する向きもあろう。ユダヤ人として生まれた者は、どこまでもユダヤ人であり、ナチスの強制収容所で殺害されることとなった。一方で、共産主義下において社会の敵として生まれた者には、少なくとも社会主義者または共産主義者へと転向する道が開かれていた。それゆえ、社会主義または共産主義は、国家社会主義よりも世界宗教に近しいというのだが、政治的現実をみれば、その違いは些細なものに過ぎない。国家の敵として生まれた者に転向の機会が与えられることなど極めて稀であったのだ。さらにいえば、社会主義や共産主義に転向したからと言って、スターリンや毛沢東、ポル・ポトなどの独裁下において強制収容所送りにならずに済む保証などなかったのだ。

本書が唱える三千年紀の国家のあるべき姿とは次のようなものだ。あらゆる国家は、地域レベルでの直接または間接民主主義、自治の原則に基づき人々に資するサービス企業へと生まれ変わる。この「国家」という名の企業の株主は国民であり、第十章で述べるようなかたちで利益を分配するのである。

何世紀にもわたって君臨してきた君主が国家を廃絶することに賛成するわけがない、というアナーキストの主張も尤もである。これに対する筆者の反論は、リヒテンシュタイン侯爵は国家元首としての働きに対し国家からも納税者からも一フランたりとも受け取ってはいない、というものだ。他の君主と異なり、我がリヒテンシュタイン侯爵家のあらゆる費用は、侯爵または侯爵家の私的財産によって賄われているのである。国家元首であることで得をすることなどないとは言わない。しかしながら、国家元首であることに伴う責任や放棄しなければならない個人的願望などを考えれば、むしろ不幸だと言える。

今日広く受け入れられている以上の民主主義体制に従事してきた民主主義者として、何百ページにもわたる政治学の論文を読む時間も意思もない人々に本書を送りたいと思う。政治家たちは選挙で敗れでもしない限り、そんな時間を確保することは難しかろう。そこで、脚注や冗長な背景説明は省略し、可能な限り簡潔な文章を心がけたつもりである。

脚注を省略したのにはもうひとつの理由がある。筆者にとって、何十年にもわたって接してきた情報の出所を今になって遡るのは不可能に近い。これまでに読んできた膨大な量の書物によるものもあれば、さまざまな分野の研究者、または国内外の政治家たちとの数知れぬ会話によるものもある。そこで、筆者の国家観を形成した個人的な経験などは第一章で述べるに止めている。筆者自身はさまざまな視点から国家というものを捉えることができると考えている。国内外で働いた経験を持つビジネスマンとして、また人類の発展と、軍事技術、運輸、経済が国家の規模に与える影響に興味を持ったアマチュア歴史家として、などである。第二章から第九章にかけて、これまでの、そしてこれからの人類の歴史に影響をもたらす要因について述べる。宗教、イデオロギー、軍事技術、経済、そして輸送システムといった具合だ。人類の歴史を述べるには短過ぎるとも言えるし、長過ぎると言えるかもしれない。

歴史に興味のない読者は第一章から第九章までは飛ばして、第十章から第十三章に集中して頂いても構わない。伝統的な立憲民主主義国家が、より民主的、より効率的なものとなるための、筆者なりの提言はそこで説明している。また、それを実現するための戦略についても述べている。三千年紀において、あらゆる国家は人々に資する平和的なサービス企業へと変貌を遂げるべきだと考える。国民とは、もはや国家に資するために存在しているのではない。むしろ、国家による戦争や規制によって脅かされている存在だと言っても良いであろう。巻末に三千年紀における国家の憲法草案を記しておいた。この草案は、国家をして国民に資する存在たらしむることを目指したものであるが、第十一章においてその概略を説明していることを付け加えておく。

第一章

自治——個人的信念

一九五〇年代、当時高校生だった筆者は、アルジェリア紛争の要因に興味を持った。たった二万人程度のリヒテンシュタイン人たちに認められている自治が、なかには何百万人とも言われるアルジェリアの各民族にはなぜ認められないのか、というのがその理由である。

一九六六年フランコ政権下でのスペインについても同じ疑問に直面した。当時筆者は、スペイン・バスク地方の銀行でインターンを受ける一経済学徒であった。外交的な物言いというのが苦手な筆者は、世界的にみたら少数に過ぎないリヒテンシュタイン人に自治が認められるならば、バスクの人々にも認められて然るべきだ、と発言してしまった。バスク出身の友人たちはこの発言をすこぶる喜んだが、スペイン出身の友人たちはよほど外交的だったと言わねばなるまい。バスク人に自治が認められないからといって、リヒテンシュタイン人のそれを否定する理由にはならない、と彼らは言うのである。

筆者のような家系に生まれると、いやでも歴史に興味を抱くし、また国際感覚を持たざるを得なくなる。歴史や国際政治が家族の話題となり、子供たちもある程度の年齢になると議論に参加することを求められるのだ。宗教的な正当化や「神の寵愛」を統治の基礎とした世襲君主制などもはや過去のものに過ぎないというのが、家族のなかでの共通認識であった。

世襲君主制というものについて意見の一致をみなかったのは、それが機能しなくなったのは十九世紀なのか、それともそれ以前なのか、という程度に過ぎない。ナショナリズムや社会主義のようなイデオロギーによる正当化は人類の発展にとっては cul de sacs、袋小路である、と家族一同が考えていた。

根本的な問題を抱えているとはいえ、民主主義が「神の寵愛」に代わる唯一の代替案であろうと筆者は考えていたが、当時、どのような民主主義が最良であるか、という結論に至ることはなかった。

独立開放の時代を目の当たりにして、当時の筆者は興奮を抑えることができなかった。ただ、新たに生まれた国家群の民主主義体制や経済発展モデルが、英国、フランスまたは米国のいずれに倣ったものであれ、結局は政治的にも経済的にも失敗に終わったことは残念でならない。シンガポールや韓国は数少ない例外と言えるであろう。シンガポールが独立した時、ほとんどの政治評論家や経済学者は一様に暗い見通ししか述べなかったものである。朝鮮戦争後の韓国に至っては、もはや未来などないかのように扱われていた。一九六〇年当時、専門家が明るい未来を語ったのは、アジア、アフリカおよび南米の天然資源が豊富な国々についてのみである。残念ながら、それらの国々では民主主義も法も、さらには経済も、ナショナリズムや社会主義によって破壊されてしまった。

植民地から独立した国々のほとんどが、例外なく人工的につくられた国家だということも問題を大きくしている。宗主国側は現地の人々には断りもなく、勝手に国境線を引いた。その結果が、極めて不均一な人々からなる、いわば多民族国家となったのである。歴史に名高いハプスブルク帝国と比較すると興味深い。ハプスブルク帝国は典型的な多民族国家であり、さまざまな言語、人種、宗教が帝国内で極めて近接していた。例えば、隣の村と言語が異なる、カトリックの村の隣はプロテスタントまたはギリシャ正教、少数派のユダヤ人はこれらの社会に共存する、といった具合である。このハプスブルク帝国を破壊し、欧州を二十世紀の政治的混乱へと陥れたのがナショナリズムだ。ナショナリズムは欧州の内外でその破壊力を発揮し続け、少数民族は抑圧され、押しやられ、そして虐殺されていったのである。

筆者の一族は何世紀にもわたりハプスブルク家とは緊密な関係にあった。それゆえ、ハプスブルク帝国という事象への分析には熱を帯びるし、歴史上存在した多文化・多宗教帝国には強い関心を抱いている。ハプスブルク家の先祖に当たるバベンベルク公爵の時代から、筆者の一族は、現在のオーストリア東部からチェコ共和国のモラビア地方にかかる地域において勢力を有していた。十三世紀にバベンベルク一族が消滅した際、我が一族はハプスブルク家を支持した。ハプスブルク家と宗教的、政治的な点で不一致をみたのは十五世紀から十六世紀にかけてのほんのわずかな時期だけである。政治的なかかわりに加え、両家は血縁関係にもある。例えば、筆者の祖母はサラエボ事件で暗殺されたフランツ・フェルディナント皇太子の妹、という具合である。ハプスブルク帝国がその崩壊を回避できたとしたら、それにはどんな政治改革が必要であったであろうかと家族で常々議論したものである。身近なスイスを参考にするならば、地域レベルでの厳格な民主主義と地方分権が明瞭な解決策であったであろう。第一次世界大戦中、フランツ・ヨーゼフI世の跡を継いだ若き皇帝カールI世はハプスブルク帝国の地方分権化を提案したが、時既に遅し、であったのだ。

民主主義のモデルのようにいわれるスイスにおいてすら、二十世紀後半には首都のあるベルン州が少数民族問題に直面している。ベルンはスイスで最大かつ最も重要なカントン（州）のひとつである。州内ジュラ地域において、フランス語圏のカトリック教徒たちは、ベルン州の大多数を占めるドイツ語圏のプロテスタントに比べて政治的にも、経済的にも不利な立場にあると感じていた。フランス語圏の人々はジュラ地域での自治の拡大を求めたが、大多数を占めるドイツ語圏の人々の抵抗に遭っている。両者の衝突はエスカレートし、爆弾まで用いられるに至る。急進的な者たちはジュラをフランスに統合させようとしたほどであった。スイス連邦政府は州内の問題に介入せざるを得なくなり、一九七四年に妥協が成立した。フランス語圏の人々の多くは、ジュラ州として独立することに賛成票を投じたが、一部の地域はそのままベルン州に留まることを選択している。その後、ジュラ州は政治的にも経済的にも期待以上の発展を遂げ、ベルン州に留まっていた幾つかのコミュニティはジュラ州に加わることを決心した。暴力的な紛争を経ながらも、平和的、民主的な問題解決が遂げられたのは、地域レベルでの自治が有効に機能した好例と言えるであろう。

歴史や政治に対する関心は筆者の血脈ゆえとも言えるが、スイスのザンクト・ガレン大学で経済と法律とを学んだことで、東欧の計画経済を徹底的に研究することとなった。東欧の共産体制は遅かれ早かれ崩壊すると我が一族は確信していた。問題は、いつ、いかなるかたちで崩壊するか、ということだけだった。我が父フランツ・ヨーゼフⅡ世に至っては、ソビエト帝国は二十一世紀を迎えることなく終わりを迎える、それも平和的プロセスによって消滅すると確信していた。一九七〇年代初頭から始まった原油価格の高騰は、ソビエト連邦を相当に潤すものであったがゆえに、筆者自身は同国の経済が崩壊するのは少なくとも二十一世紀に入ってからであろうし、もしかしたら大規模な核戦争が起こった後ではなかろうかと考えていた。父が正しかったことは明らかだ。一九八九年にソビエト帝国とソビエト連邦の崩壊は始まり、東欧の人々は社会主義者の独裁から解放されていった。

ハプスブルク帝国の崩壊とその後の悲惨な結果を知るがゆえに、筆者はソビエト連邦が崩壊を免れるにはいかなる改革が必要なのかと思案を続けていた。筆者の結論は、根本的な改革なくして多民族国家が分裂を免れるすべはないというものであった。

ハプスブルク帝国とは異なり、ソビエト連邦には市場経済を導入した徹底的な経済改革が必要であった。二つの帝国には共通点もある。どちらも、多数の少数民族を抱える多民族国家であったというのがそれだ。たいていの場合、でたらめに引いた州や共和国の境界線でのいざこざが新たな少数民族問題を引き起こし、ひいては民族浄化や内戦を引き起こす火種となる。しかし、少数民族がナショナリズムの病魔に襲われたり、狂信的な者たちの暴力に晒されたりでもしない限り、彼らは平和的に何世紀でも共存できるのだ。さまざまな少数民族が上手く結びつけば文化や通商が大きく花開くことは歴史が示すところである。

一九八〇年代に入り、ソビエト連邦の危機がもはや避けられないものとなった時、これを免れる唯一の方法は地域レベルでの自治を認めることしかなかろうと思った。中央政府は外交、防衛、治安維持および法律だけを管轄し、徹底的な民営化と世界経済への統合を進めるべきであった。しかし、ゴルバチョフ大統領がこれらの急速な改革の必要性を認めることはなかった。たとえ彼がその必要性を認めたとしても、それを実行する機はもはや失われていたことも事実であろう。彼はまず、軍隊とＫＧＢ（秘密警察）を動員して共産党を駆逐すべきであった。その後ＫＧＢを軍隊に対峙させ、膨大な軍事支出を削減する。そして、ＫＧＢを解体することができれば立憲国家を建設できたであろう。もちろん、ゴルバチョフ大統領の業績は偉大なものであるし、歴史的にも重要なものである。程度の差こそあれ平和裏にソビエト連邦を解体したわけだし、核戦争につながりかねない大規模な内戦を阻止したのだ。願わくは、将来の歴史家がゴルバチョフ大統領や当時のソビエトの政治家たちの功績と政治的手腕を高く評価することを望む。

二十世紀後半、カナダもケベック州でフランス語圏の少数民族問題に頭を悩ませることになる。ケベック州の半数が独立を望んだわけだが、裏を返せばこれはカナダに留まりたいという英語圏の人々や土着の先住民族にとっては問題となるのである。当時筆者はカナダ人たちと対話する機会に恵まれ、地域レベルでの自治に基づいた問題解決の可能性を語りあったものである。その時の筆者の提案は次のようなものだ。フランス語圏の人々のほとんどが住むセント・ローレンス川沿いの狭い地域を独立させる。天然資源が豊富で、モントリオール市を含むケベックの大部分はカナダに留める。この条件では、フランス語圏の少数民族にとって独立はさして魅力のないものとなるのだ。その後、妥協が図られ、多少なりとも問題は解決されたようである。

時を同じくして、ユーゴスラビアで問題が持ち上がった。厳密にはセルビアとクロアチア間の衝突である。指導者たちは統率力を失い、ユーゴスラビアは血で血を洗う内戦、民族浄化へと陥っていった。ユーゴスラビアは政治的にも経済的にも西寄りであったにもかかわらず、このような悲惨な事態が生じたのである。

ユーゴスラビアに対する国際社会の対応は当初から酷いものであった。内政不干渉が最優先され、凄惨な内戦を防ぐ明確な考えは皆無であった。既存の国家の中に、それぞれの主権を主張する国家が存在していることに国際社会が気づいたのは最初の銃声が聞かれた時であった。スロベニアは例外としても、ユーゴスラビアを巡る国境線は人為的に引かれたものであるし、極めて問題があることを国際社会は知っていたはずである。ユーゴスラビアが地域レベルでの自治を認める場合に限り、ユーゴスラビアの主権と内政不干渉の原則は尊重されると国際社会が主張したならば、内戦は回避され、ユーゴスラビアは守られたかもしれない。国際社会からの圧力と支援があれば、ユーゴスラビアの機能は最低限のものにまで削減され、最終的には改革後のユーゴスラビアに対してEUが加盟を提案する、ということもあり得たであろう。憲法制定後の共和国間の国境線も地方の人々の要請に応じたかたちで引きなおされる、などということもあったであろう。これらの共和国は、中央政権が担っていた社会的、経済的、また法的な分野での重要な機能を引き継いだかもしれない。地域レベルでの自治を認めよという提案をユーゴスラビアの中央政府が無視するならば、国際社会は各共和国の主権を認める、という手に出ることもできたのだ。しかしながら、欧州の地で再び民族浄化が行われ、傍観するしかなかった欧州各国は信用を失ったといわねばなるまい。

今世紀、国家がこれまで以上の遠心力に晒され、平和的にであろうが、内戦によるものであろうが、分裂の危機に晒されることになる、と筆者が考える理由は他にもある。一九六〇年代、ちょうど筆者がザンクト・ガレン大学を卒業したころ、民間企業や国家を巡る支配的な意見は「大きければ大きいほど良い」というものであった。小規模で、しかも君主制を敷くリヒテンシュタインなど将来性はおろか過去の遺物に過ぎないとみられていた。欧州は統一することでしか政治的にも経済的にも生き残ることができないであろうと言われていたものである。そんな小さな国の元首となることを期待されていた筆者は、そんな将来性のない責務に備えることが果たして賢明なのかと自問した。そして、小国について徹底的に研究を始めたのである。

歴史を振り返ると、大国が蔓延るなか、小国が優勢を振るった時期や地域があったことが分かる。ローマ帝国以前、ギリシャの都市国家のような小さな国が欧州の政治を支配していた。ローマ帝国の崩壊後、中世後期に至るまで欧州は小国が割拠していたのだ。その後、時代は、より大きく、より中央集権的な国家のものへと向かっていく。この流れは、欧州各国が欧州連合（EU）へと統合されたことをもってその極みとすべきであろう。

当時経済学徒であった筆者は、第二次大戦後のリヒテンシュタインの経済的成功は、「大きければ大きいほど良い」という広く受け入れられている通念とは明確に矛盾することに気づいた。この理論と実際との矛盾について専門家に問いただすと、金融業と観光、そして切手がリヒテンシュタインの経済的成功の要因だと答えたものだ。しかし、これはすべてを言い尽くすものではない。確かに第二次大戦以前、観光はリヒテンシュタインにとって重要な産業のひとつであったが、大戦により観光業は壊滅的な打撃を受け、その後は従属的な役割しか果たしてない。切手について言えば、大国と比較した場合、国家財政への寄与度は大きなものであり、そのおかげで税率を低く抑えていられることは事実だが、大戦後の経済成長を説明しきれるものではない。第一次大戦直後、リヒテンシュタインは税率を下げ、法制を整えることで金融業界を支えようとした。しかしながら、大戦間の欧州では厳しい為替管理が行われていたため、その成功は限られていたのである。一九三八年、第三帝国がオーストリアを併合すると、次はリヒテンシュタインだとばかりに、外資は引き揚げられていったのである。

一九六〇年代の統計を精査すると、第二次大戦後のリヒテンシュタインの経済成長は製造業が牽引役になっていたことが分かる。リヒテンシュタインにおける製造業のルーツはハプスブルク帝国と租税条約が成った十九世紀後半まで遡る。税率も賃金も低く、熟練した労働力を持つリヒテンシュタインは、隣国スイスの繊維業界にとっては魅力的な地であり、ハプスブルク帝国の巨大な市場への輸出基地となっていたのである。第一次大戦とハプスブルク帝国の崩壊によって、その市場を失ったリヒテンシュタインは、スイスの業界と歩調を合わせるべく改革せざるを得なかった。というのも、高い関税と為替管理ゆえに欧州の他の地域への輸出は困難を極めたからである。このような改革が成ったのは、ひとえにスイスがハプスブルク帝国との条約と同様の、好意的な租税条約を受け入れてくれたことによる。

第二次大戦後、西欧諸国は、各国が国粋主義的な衝動から自国の市場を閉ざしてしまった第一次大戦の過ちを繰り返すことはなかった。欧州の貿易、特に西欧と北米の間での製造業部門の貿易を自由化せよ、との米国の圧力が有効であったことは付け加えておかねばなるまい。

製造業部門において新たに生まれた世界市場は、小国リヒテンシュタインに願ってもない機会をもたらすことになる。地味でこそあれ、リヒテンシュタインの製造業には一世紀の歴史がある。国外からの投資にあふれたリヒテンシュタインは、当時ほとんどの国家に欠落していた熟練労働者、低い税率、法的枠組みを通じて国内の起業家たちを援助していった。第二次大戦により政治的にも経済的にも将来の見通しを失ったドイツやオーストリアの高度なスキルを持つ人材も、リヒテンシュタインに吸い寄せられた。一九四五年まではリヒテンシュタインの人々がスイスに出稼ぎに行ったものだが、戦後はスイス人がリヒテンシュタインに働きに来ている。

第二次大戦後のリヒテンシュタインの経済発展や、さまざまな国家で誕生した中小企業の成功例を研究するにつれ、「大きければ大きいほど良い」との支配的な考え方は根本的に誤りであるとの確信を強めた。

第二次大戦までの数百年間、遠隔地貿易は費用ばかりかかる困難なものであった。輸送コストは高く、交易路の安全は保証されず、通信手段も乏しい。関税は高く、技術的限界もあった。結果として、国内生産でいかなるものでも賄えた大国は、それができない小国に比べて決定的に優位であったのだ。国内での貿易障害は取り除かれ、地域によっては生産が困難な原材料や製品を提供する企業が独占的な利益を手中にしていった。陸路に比べ水路での輸送が安価であった時代、フランスなどの国家は大規模な投資をして運河を建設、国内に複雑に張り巡らせることで、輸送コストをさらに削減していった。英国などは自然条件に恵まれていたと言える。古代ギリシャと同様、経済的に重要なあらゆる地域に海を通じてアクセスできるのだ。海洋国家による植民地帝国建設が最も成功したゆえんであろう。植民地帝国は、自国領内に巨大な市場をもち、あらゆる原材料が手に入るのであるから、工業化は一段と容易であった。

産業革命当初、小国、特に陸地に囲まれたそれが不利であったのは間違いない。原材料や、国内企業が提供できないような量産品は高値で輸入しなければならず、その輸入を賄うべき輸出は、貿易障壁と高い輸送コストゆえに極めて困難なものであった。安価で、品質も高い大量生産品に、古めかしい手工業品が駆逐されていくにつれ、小国は経済的にも、政治的にも、社会的にも、さらには軍事的にも追い詰められていった。中世末期から第二次大戦が終わるまでは、経済的、軍事的理由から大国化の流れは避けられなかったのだ。

筆者の考えでは、第二次大戦後になって、経済的、軍事的理由から大国化への流れはせき止められ、小国化へと向かっている。この点は後述しよう。オーストリアの学者レオポルド・コール(一九〇九～九四年)とその友人たちはこの点を「スモール・イズ・ビューティフル」という言葉をもって指摘している。彼らがこの結論に至ったのは経済的、政治的な考察ゆえではなく、人類学的考察の結果であるが、大国や大企業にはもはや成長の余地はないと考えていたのだ。コール教授はリヒテンシュタインがお好きであったようで、第二次大戦後、何度となく我が国を訪れている。彼と知り合い、議論の機を得られたことは筆者にとっては幸いであった。

いわゆる西側諸国の貿易障害が大幅に取り除かれ、道路や鉄道網の拡張により陸路での輸送コストが劇的に低下したことで、リヒテンシュタインのような小国でも安価な輸入が可能となり、また競争力ある輸出産業を育成することが可能となった。小国に有利に働いた要素は他にもある。産業が発展するにつれ、安価な大量生産品よりも、小さくとも融通が利く、革新的な技術が求められるようになったのだ。これが利益率を向上させたことは言うまでもない。第二次大戦後、リヒテンシュタインはこのような経済機会を捉まえ、急速に工業化するに最良の位置にいたと言えるであろう。

大国の経済的優位性は失われるどころか、むしろ彼らは不利な立場に追いやられていった。かの国の産業は国内または植民地市場に頼らざるを得ない。つまり、仕入コストが高いということが第一の理由だ。次に、調達市場において最新技術に接することがない。保護主義に依存していたこと、そして、世界的な競争の激化に対して注意を払ってこなかったことがその他の理由として挙げられる。

今日に至ってなお、関税や貿易障壁をもって自国の産業を守ることができると考えている指導者は二つの意味で自国経済を痛めつけている。つまり、消費者は品質の低い商品に高い価格を支払わねばならない。そして、消費者も生産者も高い価格を支払わねばならないがゆえに、労働市場は危機に晒され、外国との競争という点では不利な立場に置かれることになる。

リヒテンシュタインは自国の製造業に大きな国内市場を提供することはできない。それゆえ、侯国の製造業は当初から欧州または世界市場に目を向けざるを得なかったのである。近年の数字をみると、欧州以外への輸出が四十%、事実上の自国市場であるスイスが十%、その他の欧州諸国が四十%、といった具合である。

他にも理由がある。リヒテンシュタインの労働人口は少ない。それゆえ、リヒテンシュタインの起業家たちは海外に子会社群を築いていくしかなかったのだ。リヒテンシュタイン国内やスイス、オーストリアといった近隣地域の労働力などあっという間に底を尽き、企業は外国人労働者を採用し始めることになる。一九六〇年代までに、人口に占める外国人労働者の割合は三十%を超えた。政治問題にも発展し、国内における外国人労働者の採用を制限せざるを得なかった。賃金は急速に上昇していった。企業は機械化と合理化をもって対応したが、生産、販売、調査ならびに管理部門を海外に移転せざるを得なくなったのだ。リヒテンシュタイン企業が採用する外国人労働者数が自国からの雇用者数を上回るまでさして時間はかからなかった。

実業界に身を置いた経験から、筆者は肌身をもってこの展開を体験することができたし、また欧州内外の大国における状況とも比較することができた。一九七〇年代後半までには、少なくとも経済的には小国のほうが有利だと確信するに至った。植民地帝国の崩壊は政治的な理由によるものではない。植民地帝国の経済競争力を著しく低下させた国際貿易の自由化こそがその理由だ。世界経済と統合できない国家は、たとえ大国であっても将来性はなかったのだ。時間が進むにつれ、植民地は経済的にも政治的にも重荷でしかなくなった。世界経済のグローバル化は、多くの国の存続を危うくするものであったのである。

この変化は、政治的に安定している限りにおいてリヒテンシュタインのような小国には有利なものであるが、世界平和には脅威でしかない。前述のとおり、ソビエト連邦は非常な危機にあると筆者は考えていた。リヒテンシュタインが国連加盟した一九九〇年、ソビエト連邦の崩壊はユーゴスラビアのそれと同じくらい差し迫ったものであった。自治を謳いあげた国連総会での筆者のスピーチも機を得たものとなった。一九九二年、米プリンストン大学、ウッドロウ・ウィルソン・スクールで行った講演で、筆者は、虐殺や紛争を防ぐ手だてとして自治というものを解釈しなおす必要があるのではないか、と述べた。直後に創設した研究プログラムは、二〇〇〇年になってリヒテンシュタイン研究所へと発展した。私見であるが、ニューヨーク州の国連本部に程近いプリンストン大学はこの手の研究機関を設けるには理想的な場所であろう。合衆国大統領となる以前、ウッドロウ・ウィルソンはプリンストン大学の学長であったし、また第一次大戦後に自治を支持する重要人物の一人であった。リヒテンシュタイン研究所の所長には、一九八〇年代初頭からこれらの問題について討議を重ねてきたウォルフガング・ダンスペックグルーバー教授に就任してもらった。プリンストンとリヒテンシュタインとで開催した一連の会議には、国際的な専門家や国連加盟国の代表を招き、自己統治による自治に関する協定の草案が作られ、公表される運びとなった。

草案は大変な反響を呼んだが、多数の反対意見が表されたことも事実である。主権の分散が図られる好機であり、その結果として危機に瀕する国々が救われる、とする意見もあれば、国連憲章で謳われているとはいえ、厳密に定義されずにいた自治というものを明確に定義してしまえば、実際には多くの国々を分裂させることになる、という意見もあった。今日、自治は国連の核をなす原理ではあるが、十分に満たされないままとなっている。

国連においてこの問題が意見の一致をみるのは難しいとみてとったので、筆者はしばらく放っておくことにした。それには別の理由もある。リヒテンシュタインで、侯爵家の地位に関する憲法論議が起こったことがそのひとつである。政治上の反対勢力から、君主は民主的手続きを放棄したなどと言われては、国連での自治論議にも影を落とすことになるのでは、と恐れたのだ。また、君主制というものを民主的手続きによって憲法に盛り込むことになれば、地域レベルでの自治というものをリヒテンシュタイン憲法の一部とすることになるし、それは国連憲章の草案として提案されたものよりも、より進んだかたちとして示すことができると考えたのだ。リヒテンシュタインが改憲により自国の憲法で自治を謳うことができれば、国連で発議するよりも説得力は増すものとなろう。

その間にも、プリンストン大学のリヒテンシュタイン研究所では、自治についての講義を進め、調査を敢行し、会議を開き、出版物を発行したりしていた。

前述のとおり、自治は国連憲章で明確に謳われており、本来であれば、一部の政治学者や外交官、政治家だけではなく、広く一般で議論されて然るべきものである。だが、指導的立場にある者たちは、自治を実際には適用し得ない机上の空論と捉えようとしているふしがある。最も影響力のある指導者たちですら、国際社会が自治というものを明確に定義し、受け入れでもしたら、長期的にはより多くの問題が引き起こされると考えているようなのだ。

読者には、筆者やその一族が民主主義や自治を擁護する理由を理解してもらいたいと思う。我々侯爵家は、立憲民主制下において国民の多数が支持する限りはリヒテンシュタイン侯国の国家元首としての役割を喜んで引き受ける。問題なのは国家の規模ではなく、ましてや君主制なのか、寡頭制なのか、または民主制なのか、でもない。単純に国家として国民に資することができるかどうか、なのである。リヒテンシュタイン侯国の国土が百六十平方キロメートルなのか、十六平方キロメートルなのか、など我々一族にはどうでも良いのだ。それよりも重要なのは、リヒテンシュタインの人々が幸せな人生を送れているかどうかなのである。

リヒテンシュタイン侯国の国土が仮に十六平方キロメートル（およそ六マイル四方）だとしても、モナコ公国の十倍近い規模となるし、侯国ではおよそ三万人が幸福な人生を送っている。モナコ公国は国土を増やすことでしか人口増加に耐えるすべはなかろう。しかし、リヒテンシュタイン侯国は既存の国土の中でも、移民を排斥することもなく、人口増加に耐えることもできる。しかし、実際にはどちらのシナリオも現実的ではない。それゆえ、人々が幸せに暮らすことができる小さな君主国をたくさん作り出すことに専念したほうが良い。そのために、大国を破壊する必要など微塵もない。政治的な権力を分散し、小さな政治単位、例えば村や都市のような地域社会に民主主義と自治とをもたらせばよいのである。

第二章

国家の起源

国家というものが、いつ、どこで、どのように作られたのか、誰も知る由がない。さらには、いかなる政治学者も歴史家も、何が国家で何が国家でないのか、一致した結論には至っていないのである。そこで本書では国家というものを簡潔に定義する。つまり、大多数の人々が長期間にわたり、その中央権力を受け入れている、または受け入れさせられている一定の地域、を国家とする。この中央権力は、外部からの攻撃に対しては、外交力または武力を通じて、その領土および領民の安全を守る義務を有する。

こう定義すると、国家の起源を、狩猟採集生活をしていた時代にまで遡ることができる。当時の記録など残ってはいないが、現代まで続く狩猟採集社会を通じて検証することが可能となる。

国家が初めて出来たのはもっと後世になってから、つまり原始的な遊牧民ではなく、シュメール人やエジプト人による農耕時代になってからであると主張する歴史家もいる。

しかし、筆者が国家をこう定義したのは、定住することのない狩猟採集民族であっても国家を作ることは可能だ、と考えるからである。遊牧民がある一定の地域を支配することは往々にしてある。狩猟採集社会における境界線は、後の農耕時代ほど明確なものではなかったであろうが、境界を巡る紛争は人類の歴史を通じて現在まで常に存在しているのだ。

歴史をそこまで遡れば、多種多様にみえる国家の起源なるものを理解しやすくなるであろう。国家というものを新しい現象だとするよりも、過去何千年、何万年にもわたって人類の歴史を形作ってきたものだと考えたほうが、人々が国家命令にこれほど従順である理由も容易に理解できよう。

今日まで続く狩猟採集民族には村長または族長が存在する場合がほとんどだ。長の地位は、世襲または選挙によって選ばれるものである。石器時代にも世襲または選挙で選ばれた長または君主が存在していたと考えることも可能だ。今日、より大きな社会においては、年齢、選挙、または何らかの条件に基づき構成される評議会が君主を支えるかたちが採られている。人類社会には数千年をはるかに上回る長きにわたって、君主制、寡頭制そして民主制の要素が、おそらくは存在していたのだ。

古代ギリシャ人たちは、国家を幾つかの類型に分け、それぞれ君主制、寡頭制、民主制という名をもって表現した。古代ギリシャにおいて、君主制とは君主、つまり一人の人間による支配を意味するもので、必ずしも世襲君主に限ったことではなかった。君主はたいていの場合、選挙によって選ばれる。例を挙げれば神聖ローマ皇帝は、選挙によって選ばれる終身君主であった。そう考えると、大統領は期限付きの君主ということになる。

少数による支配体制は寡頭制と呼ばれた。君主制または民主制に比べれば馴染みが薄い言葉であるし、誤解されることもしばしばだ。オリガーキー、寡頭制という言葉は当初から悪い印象があったため、当人たちはギリシャ語での「最良による支配」を意味するアリストクラッツ、貴族制という言葉を好んで用いた。筆者自身古い貴族の一員として、その言葉自体は否定しないが、だからといって、寡頭制の肩を持つのは歴史的に不当であろう。とはいえ、国家の機能を確かなものとするには、君主ならびに国民は、幾つもの重要な仕事を、それが世襲であれ選挙で選ばれたものであれ、少数の政治家集団に委ねざるを得ない。行政、政権運営、防衛、経済、法制度または議会による法の制定や改正などだ。政府、議会、裁判所、政権または政党の構成員としての寡頭制を国家権力のテクノクラートと呼ぶこともできよう。国家が国民に対して負う義務を長年にわたって遂行するには、彼らの存在が不可欠である。ゆえに、寡頭制は国家にとって最も重要かつ強力な要素であるし、彼らが国益を満たすことができなければ、国民や君主からの信頼は失われ、国家の存立も危ういものとなる。

民主制とは、デモス、つまり民衆による支配を意味する。十八世紀にアメリカ独立革命が起こるまでは、民主制は、それを構成する人々が一堂に会し、共通の利害にかかわる案件を討議、決議できるだけの小さな政治単位でのみ適用可能だとするのが、一般的な考えであった。また、国民はその意見をあまりに頻繁に変えるので、結局は恣意的な支配にならざるを得ず、民主制下で長期にわたり法の支配を行きわたらせることは不可能だとも考えられていた。民主制は無政府状態への第一歩であり、国家秩序の崩壊につながるものだと恐れられていたのだ。

無政府状態はまさに国民の存続自体を脅かす不安定かつ危険な状況であるとみられていた。古代より、あらゆる国家体制は変化を免れることはできない。君主制は遅かれ早かれ寡頭制に変わる。寡頭制は民主制に、民主制はいずれ無政府状態へと変化する。そして、無政府状態を治めるには君主的なるものの登場が必要となる。そして、ひとつのサイクルが再び回り始めるのだ。君主制、寡頭制、そして民主制的要素が上手く調和してはじめて、国家は比較的安定したものとなり得る。キケロがローマ共和制を、モンテスキューが英国型国家を称賛する根拠はそこにある。

何千年もの間、国家の興亡に大きな影響を与えてきたのが宗教である。人類の起源にはある種の宗教性が伴うがゆえに、宗教は人類の歴史に多大なる影響を与えてきたのだ。文字を持たない民族は今でも世代を超えた口伝の法律を有している。このような法律と、またそれを執行する権力に正当性を認めるがゆえに、長年にわたり人々はそれを受け入れてきたのである。この手の法律が人々の目からみても正当たり得るためには本質的に二つの方法によるしかない。ひとつは宗教による正当化だ。つまり、法や権力は神から与えられるもの、というものだ。もうひとつは、民主的な正当化である。つまり、人々の大多数が直接的または間接的に判断する、というものだ。

第三章

国家形成に宗教が担う役割

人類の歴史を通じて、宗教は法または国家権力を正当化する手段として使われてきた。民主主義国家でさえ、かつては宗教的信仰を法や国家権力の基礎とした時代がある。ギリシャの共和国群やローマ共和国では、宗教儀式が国家において中心的な役割を果たしていた。国家財産は寺院に預けられ、国家のあらゆる行事には宗教儀式がつきものであった。古代ギリシャや中世の欧州では、互いに血みどろの戦争を繰り広げていた人々同士をもつなぐ重要なものですらあったのである。

では、なぜ宗教は人類の歴史において中心的な役割を果たしてきたのであろうか。他の説明はさておき、人類の進化について考えることで、人類が生まれつき宗教観というものを持っている理由を説明することができよう。

動物の社会的行動は本能に規定される面が大きい。種を残し、次の世代を育て、集団行動を通じて自らの縄張りを守る、といった社会的行動は種の保存にとって極めて重要である。そこでは個人の利害や生存など問題ではなく、遺伝子と、特定の環境下で集団と種とが生き残るための社会的行動こそが重要なのである。時には個のエゴと遺伝子そのもののエゴとが衝突することもあろうが、動物の世界においては本能的な行動を通じて集団や種が優先されるのだ。知性が向上するにつれ、己の本能的な行動が種の保存には有効でも、個にとっては不利益になることに気づき始める。人類の社会的行動は、遺伝子がほとんど同じといわれる猿と比べても、知性によるところが大きいことには異存はなかろう。

進化、自然または神、つまり人類生来の宗教観を通じて、個人のエゴを犠牲にしてでも、本能的な社会的行動と知性との均衡は、種の保存へと傾いていくようなのだ。進化を前提とするならば、向上する人類の知性を通じて生来の宗教観が本能を凌駕し始めるのだ。知性が高く、宗教観の乏しい人々が残す子孫が他の人々に比べて少ないのは歴史的にも明らかだ。ローマ帝国でキリスト教が拡まったのは、改宗よりもキリスト教徒の出生率が高かったことに要因がある。統計が示すところによれば、信仰の厚い家族のほうが出生率は高いのだ。

宗教性が人類の脳に刻み込まれたのが本当に進化によるものなのかどうかは、いずれ神経科学または生物学的研究によって解明されることであろう。この種の研究は既に驚くべき成果をもたらしている。今日、磁力を使って、感情や認識による脳の活動を測定、イメージ化することが可能なのだ。おそらくは、宗教やイデオロギーによって引き起こされる感情が、実は脳の同じ部分で発生していることが発見される、などということもあり得よう。さすれば、イデオロギーは宗教の代用品であることが示されよう。

生き残る子孫そのものが少ないことに加えて、宗教性のない集団に支配される部族は競争力に劣るとも言えるのではなかろうか。というのも、宗教は死後の世界と因果応報への信仰をもたらすものだからである。この死後の因果は、例えば輪廻転生を前提とする仏教にみられる神性または自然の法則、となり得るのだ。

生来宗教観の弱い、合理的な個人というのは常に存在するものだ。その手の人間たちは、本能や宗教観に基づいて行動する人々を利用しようとすることがままある。この手の人間たちが少数派に止まり、彼らのエゴや宗教観のない振る舞いが社会や国家の大勢を占めるようにならない限り、国家は安泰だ。しかし、この手の人々が国家を支配し、宗教を抑圧、迫害し始めると問題になる。往々にして、そのような国家が崩壊し、他に取って代わられるのは時間の問題なのだ。ソビエト連邦がその好例であろう。むろん、ソビエト崩壊の理由はそれだけではないのだが。

死後の世界など存在せず、因果応報など信用しない合理的な人々にとっては、この世での短い生活において利益を最大化することが何よりの戦略となる。宗教や倫理観による防波堤など消え去るのだ。結局は、法律が唯一の抑止力となり、犯罪はいずれ暴かれ、その後の処罰が犯罪による利益を上回る限りにおいては有効たり得る。宗教の抑圧を目論んだ社会主義は誤りであったのだ。一方で、自己実現と個の喜びに価値を見出す物質主義的なイデオロギーもまた問題だ。宗教など将来の役には立たない過去の遺物だと考える物質主義、西欧の快楽主義も誤りであることがいずれ分かるであろう。社会主義も物質主義的社会も、共に出生率が低いという共通点がある。福祉国家では、医療または高齢者にかかる費用を国家が負担する。そこでは家族や子供の養育などは不要な負担とみられがちだ。物質主義的な社会は、経済的には確かに成功するかもしれないが、せっかく生み出した富を継ぐべき子孫は少ないのだ。

宗教なき社会は、その継承者が少ないばかりか、やがては宗教に支配される土壌を作ることにもなる。古い宗教がその勢力を失った国家において、新しい宗教や宗教活動が優勢となる例は歴史上いくらでもある。その場合、最初に犠牲となるのは、他の宗教に対して寛容な人々か、宗教を持たない集団である。死後の世界や因果応報を信じない知識階層こそが、国家の将来に宗教が重要な役割を果たすよう責任を持たざるを得なくなる。一方、国家は宗教を信ずる者であろうがなかろうが、その良心の自由が尊重されることを求めざるを得なくなる。快楽主義社会の問題を解決する唯一の道は、個人による消費を重視する市場経済を人類の遺伝的な宗教性と結びつけ、人類の福祉と調和させることとなるであろう。

知性はさておき、個人主義と社会的行動との調和こそが人類をして他の多くの動物から際立った存在にしているのだ。子孫の養育に時間を割くこともせず、個々が高い知性を持ち、繁殖の時だけ共にいるような動物は、多くの個による複雑な協力関係が必要となる現代文明を築くことができない。動物社会の一匹狼、例えば熊のような種は、人類よりも高い知性を持っているといわれるが、人類はその社会的行動ゆえに熊よりも優れた社会を築いている。一方で、高い知性と、個の行動に完全に優位するほど強い群本能を持つ種もまた、現代文明を築くことができない。いかなる自由も進歩もない極めて保守的な社会にしかならないであろう。人類社会は高度な個人主義と知性とがその特徴といえようが、それらが調査研究する自由と、獲得した知識を仲間や子孫へ残す能力とを与えている。そして言語の発達とその後の文字の発達がこの作用を促進するのだ。

利己的な個人主義と社会的行動との調和を見出すことが人類の進化にとって大きな課題のひとつであることは確かだ。多くの人々にみられる群意識と利己的な非社会的行動とは、その進化の結果であろう。これらが必要なのは明らかだ。さもなければ、人類社会は崩壊または停滞するであろう。群意識も個人の利己的な行動も、国家や社会を支配すべきではない。あくまでその二つの然るべき調和が図られるべきなのだ。

この知性と社会的行動との独特の組み合わせによって、人類は熱帯雨林から極寒地帯の凍てつく荒地まで、あらゆる地域に定住することができるようになった。さらには、人類は、ほんの数十名の小さな部族から何百万もの住民がいる大国まで、その必要に応じて自分たちを組織していくことができる。何百、何千さらには何百万人もの住民がいる国家など、筆者の知る限り人類の歴史ではほんの最近の出来事である。その起源は農耕時代にある。農業と牧畜により、石器時代の狩猟採集社会よりもはるかに多くの人口を抱えることが可能となったのだ。

狩猟採集社会から農耕時代へと移行する間、人口は大幅に増大したにもかかわらず、国家構造はそれほど変化していない。比較的大きな国家においては、君主制または寡頭制の要素が強まった。それはひとえに、何万人もの人口を有する国家では、人々が一堂に会し、決議を下すことなど不可能だったからである。また、読み書きができる人々など極めて限られた存在であったので、文字を必要とする投票など不可能であった。法律とそれを執行する国家権力を正当化するための宗教の役割は重要性を増すばかりであったのだ。旧約聖書にある神がモーゼに下した十戒については知る向きも多かろう。宗教による法や国家権力の正当化は、ユダヤやキリスト文化に限定される話ではない。古代社会では一般的なことであったのだ。君主たちは自身の祖先を神に連なるものであると示そうとした。二十世紀に入ってなお、日本の皇室は神を祖とするものであると多くの日本人が信じていることはその好例であろう。

宗教に自らの正当性を求めた国家にとっては、宗教的少数派が問題となった。古代社会においては、少数派の宗教を多数派のそれに統合していくことで解決を図った。戦の前に、人々は自身の神にご加護を求めて祈り、生贄を捧げてきたのだ。戦いに敗れ、服従を強いられるのは、敵側の神が自分たちのそれよりも強かったからであり、自分たちの神々が他国の神に服従し、宗教それ自体が他の宗教に取り込まれることは、さほどの困難もなく受け入れられたのである。ローマ帝国の宗教政策はその好例であり、それは何世紀もの間、成功を収めてきた。古代ローマには他国の宗教や神を祀る寺院が多数存在していたのだ。ローマ帝国における権威を強化するために、皇帝は聖なる地位へと高められることとなった。これは、他国の宗教がローマの神々の優勢を受け入れる限りにおいて問題とはならなかったのだ。

共に一神教であったユダヤ教とキリスト教との間で最初の問題が起こった。聖なる皇帝などという考え方は、彼らには全く受け入れられないものであった。それは、宗教によって正当化された皇帝や国家権力、法律に対する疑念へとつながる。ローマ帝国とユダヤ教との関係がこじれたことや、キリスト教徒が繰り返し迫害された理由の多くがそこにある。ローマ帝国にとって、キリスト教ほどには改宗を求めないユダヤ教はそれほど大きな脅威ではなかった。さらには、ユダヤ教徒たちはローマ帝国の辺境に住んでいたが、キリスト教徒は帝国の中心であるローマで急速に増大していったのである。下級層だけでなく、上流階級にも改宗者が増えるにつれ、キリスト教は帝国の権力層にとって脅威となっていったのだ。

キリスト教がローマ帝国に急速に拡がっていったのには、前述のとおり出生率が高いことのほか、二つの要因が考えられる。ひとつは、古いローマの宗教における神々が政治的な理由から増大を続けたことで、古い宗教に対する多くの国民からの信用が薄れてしまったのだ。また、ローマ皇帝のなかには、皇帝は神聖なる存在とする制度からすれば許されないような振る舞いをする者があったことも不信感を大きくした。もうひとつは、国家と宗教との結びつきが強かったがゆえに、政治家が宗教を悪用することになったのだ。指導者による過ちや悪法が国家、宗教の双方を弱体化せしめたのである。これは、法と国家権力を宗教によった以上避けがたい問題である。

三一三年に皇帝コンスタンティヌスI世により発布されたミラノ勅令により、帝国民は信教の自由が与えられた。この勅令により、ローマの古い宗教は国教としての地位を失い、他の宗教同様の扱いとなったのである。これにより国家権力はその宗教的正当性を失った、ということは当初それほど意識されなかったのではなかろうか。

コンスタンティヌス帝とその後継者は、法と国家権力の正当性が失われたことに気づかなかったのであろう。さもなくば、即座にキリスト教をもって古い宗教を代替したはずなのである。しかしながら、キリスト教の教えは、それを国教化するには相応しいものではなかった。わたしの国はこの世のものでない、カエサルのものはカエサルに、神のものは神に、とキリストは何度となく述べているのだ。そのようなわけで、法や国家権力を民主的に正当化する、などということは全く考えも及ばなかったのである。

ローマ帝国衰退の兆しをみたテオドシウス帝は、およそ八十年後にキリスト教の国教化を宣言する。古い寺院は打ち壊され、キリスト教会へと変貌、その他の宗教は抑圧されることとなった。その結果、古きローマ帝国が分裂するにさして時間はかからなかった。キリスト教は生き残ったが、分裂を余儀なくされたのである。教会と国家が緊密に連携する国教の姿はビザンツ帝国に引き継がれた。ビザンツ帝国崩壊後は、東方正教会にその姿を残している。

ローマ教皇たちは異なる体制を生み出した。教皇領を創設することで、皇帝、王または他の世俗的な支配者からの独立を維持したのである。中世、教皇は世俗的支配者への影響力を持っていたが、教会と国家、教皇と皇帝または王とは、潜在的に対立せざるを得ないものであった。宗教を権力のより所とする国家は例外としても、世俗的な支配者が宗教界を支配下に置けるのか、それともカトリック教会が世俗的支配者をその支配下に置けるのかは解決をみない問題であったのだ。ビザンツ帝国と異なり、西欧は政治的に分裂しており、個々の支配者たちは皇帝や他の君主には無関心であったので、教皇がその政治的独立を守るための同盟者を得ることが可能だったのである。極めて小さな国家でしか民主的な手続きが取り得なかった時代において、支配者層や彼らが制定する法は、教皇による宗教的権威付けによらざるを得なかったのである。神聖ローマ帝国では、皇帝は選挙により選ばれるものであったが、その皇帝を選んだのは民主的な根拠などない世襲の君主たちか、教皇により選出された司教たちである。

カトリック教会や教皇といった宗教界と、皇帝、王または君主といった世俗的権力とが並び立つことで、中世欧州は、共通の宗教的、文化的枠組みを持ちながらも政治的には多様性を持つものとなった。古代ギリシャに似た面もあるが、政治的、経済的また軍事的な競争は古代ギリシャのそれをはるかに上回り、欧州全体へと拡がっていた。人々の移動、知的交流、商品の流通はカトリック圏内に止まらず、ビザンツ帝国、イスラム世界または中国まで拡がっていたのである。

欧州は内外での競争を通じて多くの知識、製品を吸収し、さらに発展させていった。中世に至るまでに、カトリック欧州は十字軍時代のように、多かれ少なかれ団結している限りは、軍事的にもビザンツ帝国やイスラム世界より優勢であった。こうしてみると、前千年紀後半、西欧が世界的に優勢を占めたのも不思議ではない。西欧の優勢は、その前から既に明らかであったのだ。

カトリック教会は中世を通じて欧州の経済成長に重要な役割を果たしていた。男子修道会こそが知識の中心であり、医療と教育の現場であったのだ。支配者たちは広大な土地やその他の特権を修道会に与え、彼らを未開地の開発に当たらせた。また、さまざまな階層の人民からの寄付を受け取ることで、カトリック教会は中世末期までには欧州最大の地主となり、最大の企業となっていったのである。

カトリック教会が経済発展にもたらした影響は有益なものばかりではない。世俗的な富に対する否定的な態度は、キリスト教の原点にも既にみられる。マタイ福音書第十九章二十四節には「また、あなたがたに言うが、富んでいる者が神の国にはいるよりは、ラクダが針の穴を通るほうが、もっとやさしい」とある。これが、金融、貸金業、貿易または他の商業に否定的な影響を与えたのだ。さらに、教会が持つ資産や信者からの寄進から得られる巨額の収入が、教会や修道院の建設や装飾、維持管理に充当されてきた。これらの建築物は主に礼拝を目的としたものである。自らの役割は、隣人に神の栄光を届け、死後の世界に備えることであると考える教会がこのような方針を採るのは理解できる。しかしながら、国家の経済発展ということを考えれば、まるで役に立たないことであったといってよいであろう。

聖職者の権力と世俗のそれとが拮抗するなか、教会と国家との分裂は拡大し、人々も他の地域では見られないほどの自由を享受するようになる。中世末期、この拮抗が崩れると、この自由は徐々に拡大していった。

十六世紀に入り、欧州の権力構造は著しい変化をみせる。継承権にかかる規則を明確化することで、支配的な地位にある一族は王朝を築いていく。王朝を正当化するのは、基本的に慣習によるものでしかない。人々も特定の一族による支配を受け入れるようになり、支配者一族が機能不全に陥ったり、内部闘争などで弱体化したりしない限り、大部分の人々はそれを支持していた。支配者や国家の形態だけでなく、法律についても同様のことがみられた。法は慣習の権利となり、支配者にとってもそれを破ったり、改正したりすることは自らを危うくするものとなっていった。

同時期、カトリック教会も世俗化し、なかには立場を乱用するものもあり、宗教的にも道徳的にも弱体化していった。改革を求める声の高まりはプロテスタントによる宗教改革へとつながっていく。それに加え、科学の進歩が、少しずつではあるが中世の世界観を変えていった。英国、欧州北部、ドイツの一部、そしてオランダ、スイスの支配一族はこの機を捉え、カトリック教会の影響下から離れていく。時に教会が持つ広大な領地を分割、没収し、教会の独立を制限していったのだ。英国国王または女王にいたっては、新たに創設された英国国教会の首長に納まった。これらは決して平和裏に成し遂げられたわけではなく、欧州の大部分、特にドイツを破壊することとなった三十年戦争を引き起こすことになる。

三十年戦争は勝者なき戦いで、カトリック、プロテスタント双方を疲弊させることになった。

双方は、支配一族、共和国であれば政治的指導者が国教を定めることに合意する。Cuius regio eius **religio**、つまり領主の宗教が領民の宗教、ということだ。宗教的に寛容な地域もあったが、欧州全体は宗教的境界線をもって分裂していく。政治指導者の宗教を受け入れようとしない者たちは、迫害され、土地を追われることとなった。辺境の地が往々にして宗教的に寛容であったのは、政治指導者たちがわずかばかりの税金を求めてそれらの地域に手出しするようなことはしなかったからである。顕著な例が北米の植民地である。百年後、国家と宗教という問題についてさらなる発展をみせるのが、まさにこれらの地である。

カトリック教会の財産を没収し、その政治的な影響力を削ぐことで、英国教、プロテスタント地域、特に欧州のカルヴァン派諸国では経済が自由化され、生産的な投資が増大していった。結果的に、それらの地域では著しい経済成長がみられ、それがまた欧州のカトリック地域の経済に対する教会の影響力を弱めていくこととなる。そして、啓蒙思想、フランス革命、自由主義やナショナリズム、さらには社会主義など十九世紀にみられた政治的発展を通じてカトリック教会の政治的影響力はさらに弱められていく。

十六世紀から十七世紀の欧州で起こった宗教戦争と迫害は、カトリックだけでなくプロテスタント地域においても宗教が持つ影響力を弱めることとなった。その後、東欧、南欧の正教会へも波及し、今日まで続いている。宗教や神が脇に追いやられるにつれ、個人の存在がより大きなものとなる。世界を発見し、より広大な宇宙の法則をも見出した人類は、常にそこに存在したものであり、決して神によって創られたものではない。宗教に基づく法や国家権力の正当性というものは時を追うごとに劣化していったのだ。前述のとおり、君主たちは宗教による正当化を、王朝による正当化をもって代替しようとする。フランス王ルイ十四世がその極みであろう。彼曰く、**L'État, c'est moi**、我こそは国家なり、と。この王朝支配への転換は、フランスでは十八世紀末のフランス革命で、また欧州の他の国家では十九世紀から二十世紀にかけて破綻することになる。

宗教がその影響力を失った地域、信教の自由が保証されている国家においては、宗教による正当化が国家の知的基盤であり続けることができないのは容易に理解できよう。一方で、王朝がかくも短い間に破綻したのはなぜか。それは、王朝は、それ自体が独立したものではなく、宗教または民主的な正当化を基礎とする演繹的なものに過ぎなかったからであろう。どれかひとつの正当性が崩れれば、王朝の権威が崩壊するのは時間の問題なのである。宗教による正当化から民主主義によるそれへと移行するのは容易なことではなく、今もってその完成をみないし、また人類を袋小路に追いやってもいる。

多くのフランス人は認めたくないであろうが、一七八九年のフランス革命が生み出したのは混沌と大量殺戮であり、一二八年後のロシア革命とさして変わらない。革命後のフランスでは王朝が四度も代わり、現在は第五共和制である。ロシア革命は、人類史上最悪の独裁制のはしりであり、およそ七十年も存続した。フランス革命もロシア革命も、民主的に定めたルールなど満たそうとはしなかったのだ。フランス革命や第一次世界大戦、その後のロシア革命の結果、欧州内外ともに宗教的な正当化に取ってかわったのは民主的な正当化ではなく、ナショナリズムや社会主義などのイデオロギーに基づく正当化であった。民主主義の黎明期、欧州が果たした知的貢献を過小評価すべきではないが、アメリカ独立革命なくしては、欧州のそれは理論的、歴史的関心事にとどまったのではないであろうか。宗教による正当化がナショナリズムや社会主義などのイデオロギーによる正当化に取ってかわられたことで、人間性は大幅に損ねられたと言えるであろう。

狩猟採集社会から農耕社会への移行期には、欧州のみならず世界中で宗教を基礎とする極めて似通った国家形成がなされた。欧州から遠く離れたアステカ、インカまたはマヤ文明やアジア、アフリカにおいても宗教を基礎とする同じような国家が形成され、そこでは神聖なる君主と、そしてその君主または宗教によって任命された少数の政治家集団が存在していた。大多数の国民には政治に口を挟む権限はほとんど与えられていなかったのである。欧州における農耕時代の国家体制は、前世紀の後半には徐々に崩壊し、現在では世界のどこにも見ることはない。

宗教による正当化を王朝のそれによって取ってかわろうとする試みは失敗に終わったのだ。そして、ナショナリズムや社会主義などのイデオロギーによる正当化は、人類史上最悪の大虐殺を引き起こす結果となった。民主主義によるそれは、現在も道半ばと言えるであろう。今後も人類が諦めることなく前進することを強く望むところである。

第四章

国家の規模と軍事技術の影響

大小さまざまな国家の規模について述べてきた。国家には人口や地理的要因に基づく適正な規模があると考える向きもあるであろう。しかし、必ずしもそうではない。国家の規模は時代によりさまざまだ。中央集権化した巨大な国家が支配的な時代もあれば、極めて分散化された小国が大勢を占める時代もある。大国と小国が長期にわたり共存することもあれば、そうでないこともある。一見すると、歴史の気まぐれ、とも思えるものだ。

しかし、よくよく見てみると国家の規模に影響を与えるさまざまな要因があることが分かる。地理的条件はそのひとつだ。平坦で移動が容易な地域は、守りに難く、大国へ発展しやすい。一方で、通行に不便な山がちな地域や島嶼部は守りに易く、小国が生き残る可能性が高くなる。

歴史を振り返ると、国家の規模を規定する要因は他にもあることが分かる。軍事技術と輸送システムが重要な役割を果たしているのだ。例えば、中世においては、防衛こそが軍事技術の主であり、高い城壁に守られる一方で、輸送インフラは極めて貧弱なものであった。この二つの要因は、小国または神聖ローマ帝国のような分散された国家のどちらにも有効なものではある。一方で、高度な攻撃技術や効率的な輸送システムは、ローマや中華帝国のような巨大かつ中央集権的な国家の発展を可能にした。

記録のない石器時代、国家がどのようにして作られたかを知るためには、考古学に依拠しなければならない。おそらく、農耕が始まる以前の石器時代においては、面積ならびに人口の点で言えば、小国しか出来得なかったであろう。しかしながら、かなり早期に広範囲にわたる交易関係が出来上がっていた証拠がある。貝殻、石器などの商品が長い距離を越えて取引されていたのだ。

およそ一万年前、農耕が始まったころ、小さく無防備な都市が貿易の中心地となった。その直後から、現在のトルコからエジプトに至る、いわゆる肥沃な三日月地帯において武装都市が建設された。このような都市国家が互いに戦争に至ることもしばしばであった。最初の巨大な帝国が出現したのは、ナイル川、チグリス・ユーフラテス川などの大河沿いである。大河を通じた輸送により、交易、灌漑そして農耕経済の発展が可能となったのだ。水路による輸送は、河川を通じたものから海へと拡がっていく。海上戦はその副産物のひとつであろう。ホメーロスもトロイ戦争は何年にもわたって続いたと詠っている。軍隊を輸送し、入れ替え、時に支援せねばならなかった。人々や物資の水上輸送は陸路よりも大幅に安価かつ安全なものとなっていた。中近東に遅れることわずか、中国最初の帝国も大河の傍らに興っている。

馬の活用と、車の発明が陸上輸送を大幅に促進した。道路網はそれよりかなり早い段階で出来あがっていた。アメリカ先住民は馬も車も知らなかったわけだが、交易または軍事を目的とする極めて高度な道路網を持っていた。インカ帝国には、高山地帯やジャングルの密林を縫うかのような広範囲の道路網があった。

小規模な都市国家でも、地理的条件に恵まれれば高い城壁に守られ何世紀にもわたり存続することができた。古代ギリシャの群雄割拠ぶりがその好例であろう。一方で、これら小規模な都市国家のひとつが隣国を軍事的に支配し、陸または海運システムを支配下に置くなり、それを構築するなりできれば、瞬く間に大帝国を築くことができたのである。

ローマ帝国が勢力を得た過程は、古代における好例であろう。政治的に分裂していたイタリアにおいて、小さな都市国家に過ぎないローマが、外交的、軍事的に、時にはかなりの忍耐力を持って近隣の都市国家を統合していったのである。ローマ人たちは当初から軍事的拡大のために道路網が持つ重要性を理解しており、世界に類をみないほど効率的なインフラを築き上げた。イタリアにひろく侵攻し、密な道路網を構築するや、ローマは巨大な船団を組織し、地中海へと侵攻していった。その後もローマは、北アフリカから英国へ、スペインからルーマニアに至る海岸や河岸に沿って道路や港を築いていく。ローマ帝国が支配する地域が極めて大規模であったにもかかわらず、軍人の数が比較的少数で済んだのは、紛争地域間の移動が速やかに行えたがゆえであろう。陸軍にとっては難物であり続けたアルプスやピレネー山脈などの自然の城壁も簡単に乗り越え、帝国の内側に取り込んでいった。イスラエル東部、ユダヤ人にとっては鉄壁の要塞であったマサダを訪れると、ローマ帝国がその辺境に至るまで効率的な交通網を敷いていたことが見てとれよう。経済的、政治的さらには戦略的にも重要性の乏しい地域にもかかわらず、ローマ人たちはマサダに至る山脈も厭わず巨大な通路を建設し、長きにわたる包囲攻撃の後、ついには侵攻を果たすのである。

ローマ帝国崩壊後、中央アジアの騎馬民族がさらに大きな帝国を瞬く間に築き上げたが、崩壊に至るのにもさして時間はかからなかった。広大な牧草地を持つアジアの大草原地域をわたるには馬は理想的ではある。フン族やマジャール人、モンゴル族などの騎馬民族は戦争の手段としての騎馬隊を組織するには最適だ。しかし、欧州や地中海地方、南アジアなどの人口密度が高い農耕地域においては、馬は高価であり、一部の特権階級にしか手の届かないものであった。それらの地域における軍人の大半は歩兵部隊であり、中央アジアの騎馬部隊に比べて、中世の騎馬隊は小規模かつ極めて高くつく存在であったのだ。西欧の狭く、入り組んだ地形も騎馬隊を主とした軍隊には不向きであったろう。戦略上重要な地域というのは、アルプスやピレネー山脈などの山がちな地域であり、そこでは騎馬隊よりも安価な歩兵部隊のほうが有効なのだ。ハプスブルクの騎兵隊が十四世紀から十五世紀にかけてのスイスにおいてまさにこの問題に直面したのだ。

軍事的に優れたアジアの騎馬隊とその指導者たちが、なぜローマのような安定した帝国を築けなかったのか、これは興味深い問題である。これらの帝国では世襲君主制が敷かれたが、その継承順位が不明確であることがしばしばあった。それゆえ、後継者の間で帝国は分裂をきたし、内戦とも言える事態にまで発展しかねない状態だったのだ。アレクサンダー大王亡き後の帝国の末路がその一例だ。のちのローマ帝国も世襲君主制となり、継承順位が不明確ではあったが、司法制度と寡頭制による統治機構が機能していたがゆえに、数多くの危機を乗り越えることができたのである。ローマの司法、行政制度は共和制期に発達したものであるが、それゆえ君主が無能である時代においても帝国が政治的に安定していられたのである。ローマが中央アジアの他の帝国よりも有利な立場にあった理由は他にもある。ローマ政府は長きにわたり宗教による正当化がなされていた、というのがそれだ。

アジアの軍隊が帝国の建設に失敗した地域において、アラブの騎馬隊が長期にわたって安定した帝国を築き得た理由がそこにあるのは疑いようがないのではなかろうか。支配者やその政府に正当性を与え、聖戦に臨みし者は天国で救われると軍隊を鼓舞したのはイスラム教であった。イスラム教はまた、他宗教に比して寛大なものであり、そのことが敵対する指導者たちのなかに同盟者を見出すことを助けた。キリスト教支配者のなかには、他宗教だけでなく、信仰を裏切ったとされるキリスト教徒すら迫害する者もいた。その結果、アラビア半島や中東地域においてはイスラム教支配者を支持するキリスト教徒たちも存在したくらいなのだ。今日においてさえ、何世紀にもわたるイスラム教国に少数派としてのキリスト教徒が存在している。イスラエルが建国されるまでは、キリスト教の迫害から逃れてきたユダヤ人の子孫が相当な数のユダヤコミュニティを形成し、それをまたイスラム教支配者が喜んで受け入れていたのである。

しかしながら、アラブ世界の騎馬隊は、安定した経済成長にとって必要な政治、司法制度の確立、という点については中央アジアのそれほどには成功したとは言いがたい。正統的な解釈によるイスラムの政治経済に関する戒律がキリスト教社会に比べて、経済的発展の大きな阻害要因になっていた可能性がある。また、欧州の経済発展に一役買った政治的、経済的自由を作り出した教皇と皇帝、宗教界とその時々の権力者、といった類の対立もなかった。ともかく、イスラム帝国は政治的、宗教的統率力を失い、バグダードにいるカリフが緩やかに統治するだけの地域国家群へと分裂した。結果として、イスラム世界の大半がモンゴルに侵略され、一二五八年にはバグダードまで侵略を許すことになる。イスラム社会はモンゴルの侵略に耐え抜きはしたが、ローマ帝国崩壊後のキリスト教社会がそうであったように、二度と政治的統一を果たすことはなかった。

最初の武装都市が建設された紀元前八〇〇〇年ごろから中世に至る長い間、都市や小さな政治的組織が自らを守るための防衛技術と、攻囲戦や輸送能力とは微妙な均衡の上にあった。一方、武装都市または城砦で、より大きな戦力に抗えるのはわずかな数の人々でしかなかった。包囲戦で勝ちを収めるのは容易ではなく、優れた軍事力だけでなく、効率的な輸送手段を必要としたのである。陸送のインフラを建設、管理するには極めて高い費用がかかった。海上輸送はそれよりも安価ではあったけれども、風と天候、そして寄港地の状況に左右された。中世末期まで、騎馬戦力こそが国家の規模に最も大きな影響を与えたと言えるであろう。当時は、守るに難く攻めるに易き時代と言える。政治的安定と経済的発展が長きにわたって続くような帝国を築くには、軍事的優位性というものはそれほど有意なものではなかったのだ。中世末期に至るまで、エジプト、ローマそして中華帝国が他に比して栄華を極めていた。

九千年以上にわたって続いた社会の仕組みは西暦一五〇〇年ごろに終わりを迎えることになる。一四五三年、トルコの砲兵がコンスタンティノープルの城壁を破壊、軍事技術は馬を利用したものから一気に変容していった。大砲の発達により、攻撃する者が決定的に有利になったのだ。これにより、大国への道が拓かれたと言える。

トルコ人は、既にバグダードのカリフが支配するアラビアの要衝を確保していた。彼らは、大砲の重要性を早々に認識したがために、その開発を急いだのであろう。十五、十六世紀、トルコ帝国はイスラム社会へと急速に拡大していったわけだが、すべてのイスラム国家を成功裏に征服、統一することはなかった。トルコはまた、南東欧のキリスト教社会に侵攻し、十六世紀末、十七世紀末と二度にわたりウィーンを包囲したが、そのどちらも失敗に終わっている。

欧州の国々も大砲の重要性をすぐに認識し、イタリアの裕福な都市国家のような小国までもが兵器開発競争に乗り出したが、長続きはしなかった。フランスやハプスブルク帝国のような既存の大国の優位性がすぐに明らかになった。スウェーデンは自国の鉄鉱資源の開発に乗り出し、十六世紀末までには冶金技術を発展させ、一気に欧州の政治大国へと成り上がった。しかし、欧州域内での拡張に限界があることは明白であり、欧州列強は、域外に植民地帝国を築くべく、その軍事的優位性を押し出していったのだ。スペインとポルトガルが先陣を切ったわけだが、最も成功を収めたのは英国であった。造船技術で著しい発展を遂げたことが英国に多大な利益をもたらしたと言える。大砲を備えた彼らの船は、海上から沿岸の要塞を攻撃することが可能であった。このような攻撃に対して、城壁は無力化し、重武装した多数の侵略者から都市を守ることは難しくなるばかりであった。大砲の出現で、激化する軍拡競争に勝てるだけの資源を持つ、中央集権化された大国の優位が決定的になったと言える。

大砲の出現からほどなく、中央集権化した大国の優位性を強化するもうひとつの出来事が起こった。工業化、である。工業化以前、原材料に乏しい小国は交易に頼らざるを得なかった。一方で、大国は生産コストの面で不利な立場にあった。工業生産の効果はローマ帝国時代には既に認識されていた。工業化から遡ることはるか昔、陶器は大量生産され、ローマ世界全体に輸送されていたのである。ローマ帝国崩壊後は、地域市場向けの家内工業へと成り下がったわけではあるが。

大国、特に植民地帝国は、必要とするあらゆる原材料をその領域で確保できること、ならびに巨大な域内市場を持っているという優位性を持っていた。このような大国では、武器に付随する高価な財を生産する国営企業が工業生産のはしりとなる。域内関税やその他の貿易障害が廃され、共通の度量衡や単一通貨が導入されると、巨大な域内市場が活性化される。これらの内での輸送システムは、まず運河が中心となるが、これは陸上交通に比べて安価であるがゆえである。欧州の道路網が、およそ千三百年前にローマが建設したそれに比するまで発達するのは、一八〇〇年を迎えるころであった。

前述のとおり、十七世紀まではトルコ帝国がウィーンを包囲していたが、十八世紀になるとハプスブルク帝国の後塵を拝するようになる。武器が発達した当初、トルコは世界に冠たる先進国であったが、工業の発達についていくことが出来なかったのだ。その影響は、経済面のみならず、軍事面にも現れる。つまり、工業国は安価なコストで高品質な武器を大量に生産することができたのだ。やがて、それらの先進工業国では、政府ではなく、市場や民間企業が主要な役割を果たすようになる。トルコ帝国や他のイスラム帝国は、地理的にも、思想的にも欧州に近いものがあったにもかかわらず、有効な市場経済や民間部門を築き上げることができなかった。トルコ帝国はやがて「ボスポラスの病人」と呼ばれるようになる。

十九世紀に入ると、工業化はあたかもキリスト教の恩恵かのような様相を呈する。十六世紀までは中国があらゆる面で欧州列強に先んじていた。しかし、十九世紀には、中国も欧州の急速な発展に後れを取る。日本の工業化は十九世紀の末になってからだが、これは、非キリスト教圏でも工業化し、大国となり得ることを証明したものだ。一九〇五年の戦争で、日本はロシアに勝利したが、これはロシアのみならず、欧州にも衝撃を与えるものであった。

中国、エチオピアならびタイ同様に、日本も欧州の植民地化を免れていた。これには幾つかの理由がある。まず、日本は欧州から遠く、また欧州列強が欲しがるような天然資源を持たなかったこと。そして、欧州と接触を持つようになるころには、日本は既に高度に発達し、十分に機能する政治制度を持ち合わせ、外国からの影響を跳ね返すだけの力を有していたことだ。合衆国が日本に影響力をもたらそうとしたのは、アメリカ大陸西部を統合してからのことである。マシュー・カルブレイス・ペリー提督が日本に開国を迫ったのが一八五三年である。

米国の開国要求を受けて、日本の指導層はその政策を大幅に転換した。欧州や米国の成功事例を日本にも適用することで、世界に伍することができると考えたのだ。若き日本人たちが、教育のため欧州や米国に送り込まれることとなる。欧米を模倣しようとする日本の姿は、欧州では嘲笑の対象となっていた。それは、一九〇五年に日本がロシア海軍を打ち負かすまでは続くこととなる。二十世紀初頭、世界の大半は宗主国間で分断される。そこで日本は中国へと侵攻していく。朝鮮半島と中国の大部分が日本の支配下に置かれ、それは第二次大戦が終結するまで続くこととなる。

第一次大戦は、一連の不幸な偶然によって引き起こされたものであったが、早晩避けることはできないものでもあったろう。概して戦争は政治の手段と考えられている。十九世紀の戦争では、優れた技術、戦術そして戦略が早期の勝利を確たるものとした。ナポレオンの戦争がその好例で、徴兵制を通じて巨大な軍隊を作り上げ、それを戦場に送り込むことが可能であることを証明したのだ。武器と機兵部隊とが、迅速な領土獲得を約束したのである。一八六六年の普墺戦争と一八七〇年の普仏戦争では、比較的少ないコストであっという間に決定的な勝利がもたらされている。鉄道が導入されたことで、ナポレオン戦争時に比べ、はるか容易に大量の兵士を投入することができるようになったのだ。欧州列強のすべてが、迅速な勝利をもたらす、ご都合主義とも言えるような軍事計画をひそかに練っていたのである。日本に敗れたロシアは西にその野心を向けることになる。そして、スラブ国家のナショナリズムを煽ることがロシアの拡大と、トルコならびにハプスブルク帝国の衰退をもたらすと考えるようになったのだ。

ここで軍事戦略家が過小評価しているのは新たに発展した軍事技術である。機関銃だ。比較的安価で、軽く、長距離に用いることができる武器を突如手にした歩兵部隊は、相対する歩兵部隊にではなく、遠く離れた機兵部隊に立ち向かうことができるようになったのだ。一瞬にして、防衛側が有利な状況となったのである。第一次大戦は機兵部隊など存在しない時代に戻ったようなものだ。侵攻者は多大な兵士と物資とを必要とする、長く、非効率な包囲戦に取り組まざるを得なかった。緒戦での素早い勝利を逃したハプスブルク、ドイツ両帝国は、英仏露の連合国に包囲されることとなる。ドイツ、ハプスブルク帝国と同盟関係にあったオスマン帝国も、重要な役割を果たすには経済的にも、政治的にも脆弱に過ぎ、大戦が終結するころには瓦解してしまう。

中世における都市や要塞の包囲とは対照的に、第一次大戦では防衛側がより広い地理的領域を押さえることが可能となった一方、攻撃側は、移動性を欠くこととなった。これは、多かれ少なかれ機関銃によって機兵部隊が一掃されたことに原因がある。たとえ、攻撃側が大量の武器と歩兵とを用いて防衛線を突破したとしても、機兵部隊を敵陣深くへと侵入させ、敵を壊滅させることはできなかった。獲得した領土といっても、ほんの数マイル四方といったものであったのだ。大規模な要塞や都市国家の時代には、この程度の敗退ですら致命傷となったが、巨大帝国にしてみれば数マイル四方など取るに足らないものである。ドイツ、ハプスブルク両帝国は東部戦線では勝利を収め、それによってロシア帝室は崩壊してしまう。しかし、戦況を決したのは西部戦線であり、米国が参戦するや、膨大な兵士と武器、そして兵站とが投入されることとなった。

長い戦乱の世にあって、新しい武器、技術、戦術そして戦略が常時生み出され、そして実戦に用いられていった。緒戦こそ、その威力を発揮することはなかったが、やがて次なる戦争では決定的な役割を果たすことになる。例えば、戦車や戦闘機などは第一次大戦の末期に投入されたが、当時は戦況に大した影響をもたらすことはなかった。しかし、第二次大戦ではそれが著しく変わる。

ドイツの軍部ならびに政府首脳は、他国に先駆けその重要性を認識し、新たな技術が兵法を戦略的にも戦術的にも、根本的に変えてしまうことを示してみせた。権力を握ったナチスが最初に取り組んだのが、全く新たな軍隊の組成であった。開戦当初、第三帝国の敵陣営はより多くの戦車と戦闘機を有していたが、彼らは戦略、戦術ともに第一次大戦時のそれから抜け出せずにいたのだ。そして、わずか二十年の後、力関係は侵略側に決定的なまでに有利となったのである。塹壕による長い防衛線などもはや不要であり、重火器を積んだ機動力ある戦車部隊はいとも簡単にそれを突破していったのである。機関銃は騎兵部隊を食い止めることはできても、戦車部隊を押し止めることはできなかったのだ。機甲化された第三帝国陸軍は、かつての騎兵部隊とは比べものにならないほどの早さで広大な領地を獲得していったのだ。

しかし、かつての騎馬隊同様に、第三帝国は、侵略した地域を政治的に安定させ、経済的に繁栄させる政治体制を構築することには失敗した。「千年帝国」というヒトラーの野望は、たった五年の戦乱の後に潰えたのだ。ヒトラーやナポレオン、チンギスハーンやアッティラの軍事的成功は、ローマや神聖ローマ帝国の長い歴史に比べれば、短期的な惨劇に過ぎないが、人類史に及ぼした影響は大きなものがある。

第二次大戦中にみられた新たな武器の発展により、力関係は再び防衛側に有利となった。「パンツァーファウスト」または「バズーカ」と呼ばれる歩兵用の対戦車砲の登場により、市街地や森林など歩兵にとって潜伏しやすい地域では戦車部隊は苦戦することになる。例えば、ベルリンの戦いでは戦力に劣るドイツ歩兵部隊が、ソビエトの戦車部隊に大打撃を与えてもいる。

第二次大戦末期にみられたバズーカの成功事例は、歩兵が用いる対空ミサイルの開発へとつながっていった。対空ミサイルは、低空を飛行する飛行機やヘリコプターにのみ有効なのではあるが、歩兵からすれば、占領地での空爆を防ぐ、優れた手段となり得るのだ。対戦車ミサイルならびに対空ミサイルは、戦車や戦闘機、ヘリコプターよりも製造コストが格段に低く、またそれを用いるための訓練も容易であった。

　第二次大戦の終結からたった五年、朝鮮戦争が起こるころまでには、戦場での機動部隊は大幅に削減され、あたかも第一次大戦の陣地戦に逆戻りしたかのようであった。ソ連ならびに中国に後押しされた朝鮮民主主義人民共和国の人民軍による奇襲攻撃は、大韓民国の大部分を制圧したかにみえた。しかし、米国が主導する国連軍によって、あっという間に押し戻される。国連軍は即座に制空権を握るも、双方とも決定的な打撃を与えられぬまま膠着状態に陥った。南北の境界線地域は山がちで、機甲部隊には不向きであったのだ。最終的に双方は停戦合意し、今日なお、この軍事境界線が南北の国境を規定している。

　二度にわたるベトナム戦争では、最初はフランス軍が、その後米軍が、装備も訓練も優れた歩兵部隊に壊滅的な打撃を被ることになる。ベトナムの歩兵部隊は戦術的にも戦略的にも見事に組織されていた。さらに、ベトナム陣営は、避難場所や潜伏地が多いという利点に加え、高い犠牲を払う覚悟が出来ていたのだ。制空権も戦車部隊も、そのような戦場では役に立たないのだ。それはアフガニスタンでのソ連軍についても同じことが言える。

　一九四五年以降に起こった戦争が示しているのは、機甲部隊を有する攻撃側が大規模な領地を獲得し、適切な地で、素早い勝利を収めるのは、敵側も同様の機甲部隊と空軍を擁して戦った場合だけであるということだ。概して、緒戦で制空権を握った側が勝利するのだ。機甲部隊とその兵站は、開けた地域においては、戦闘機からすればかなりの高度からでも格好の標的となるのだ。

イスラエルとアラブ諸国との戦争や、二度にわたるイラク戦争がその好例であろう。

しかし、敵側が装備に優れた近代的な歩兵部隊を擁し、機甲部隊には不向きな都市や領地を守る準備をしていると、戦車部隊や絶対的な制空権、ヘリコプターなどをもってしても、容易に勝利を得ることはできない。むしろ、装備に勝る攻撃側が敗北する可能性も高くなるのだ。ただ、そのような防衛戦略が有効たり得るのは次の条件下のみである。

一、都市を防衛するために歩兵部隊を用いんとする者が、多数の市民の犠牲や大規模な破壊を受け入れる用意があること。それ以外には、スイスのように強力な民間防衛力を保持するか、軍事行動に先立って、都市部から市民を撤退させるしかない。

二、市民が居住するままで、歩兵部隊を擁して都市を守ろうとするには、彼らの支持と協力とが必要である。さもなければ、市民が敵側の情報提供者となることを防げない。

三、攻撃側は、市民の人権を尊重しなければならない。しかし、攻撃側が平気で大量破壊兵器を使用するなら、都市部や難航不落の地域でも獲得することはできよう。例を挙げれば、サダム・フセインはクルド人に対し、それが兵士であろうが、市民であろうが関係なく、化学兵器を用いようとしたのだ。

将来の戦争ならびに国家の規模に影響を与え得る新たな軍事技術、戦略、戦術または輸送手段がいかなるものかを予言するのは容易ではない。しかし、そのようなイノベーションが起こり得る分野について概説することはできよう。例えば、数千年前、馬が軍事手段として重要な役割を果たすようになると、草原地帯に住む人々は有利な立場を得たことになる。そこでは、数多くの馬が飼育され、輸送手段または使役動物として広く用いられていた。アジアの草原地帯から、アラビア半島に至る地域では、騎兵部隊が台頭し、農業国家が持ち得る軍隊よりも優れたものであったので、短期間に広大な地域を征服していったのだ。大砲が登場すると、それに必要な天然資源や冶金術を持つ地域が有利となった。武器の大量生産には工業化が必須であるが、しばらくはその流れは変わりそうにない。

それゆえ、広範な工業発展を欠く地域ではイノベーションは起こり得ない。ソ連の経済崩壊は、効率的な市場経済が今なお必要であることを示している。驚く読者もいるかもしれないが、それゆえ、軍事の視点からすれば、中国やインドが近い将来に米国と拮抗し得ることはあり得ないと筆者は考えるのだ。中国もインドも、それに必要な産業基盤を欠いている。確かに、核兵器や長距離ミサイルを保有してはいるが、彼らが米国との軍拡競争を始めれば、ソ連同様に遅かれ早かれ破綻するのは目に見えている。全世界の軍事支出を比較することは難しいが、冷戦の終結以降、米国の軍事支出は全世界の半分をも占めているのだ。二位の英国が全体の五%程度、それに続く中国が四〜五％程度だ。軍事研究費に至っては、二位以下二十か国の合計よりも多いという試算もある。民間部門の研究開発も中国やインドよりも多額に投入されている。ちなみに、通信技術や情報技術、航空機のデザインなどの民間研究は、軍事転用が可能なものである。

日本、ドイツ、フランスならびに英国などの工業国が、中国やインド同様に米国の軍事的脅威となることは向こう数十年なかろう。これらの国々は、自国の軍隊に最先端技術をもたらすような軍事産業を持っていない。これらの国々に兵器システム、少なくとも最先端の部品を供給しているのは米国であり、それゆえ、軍事的には米国への依存度が極めて高い。情報収集をするにも、偵察するにも米国の衛星が必要であり、長距離にわたる兵士の移動や兵站にも米国の軍事輸送が欠かせないのだ。何十年にもわたる米国軍事産業の一極支配は、質、量ともに進んでおり、この趨勢が向こう数十年変わることはないであろう。

熱狂的な欧州主義者は、欧州は欧州合衆国の創設の途上にあり、それが成れば軍事力の面でも米国に伍することができるのだと主張するであろう。西欧の政治指導者たちが第二次大戦後に欧州防衛共同体を作らんとした時であれば、それも有効であったろう。西欧には、ソ連という軍事的脅威に直面しているという正当な理由があったのだ。ソ連は東欧全体と中欧の一部を支配し、西部境界線に、核を含むあらゆる兵器を投入していた。それはソ連が西欧をいつでも併合し得ることを示していたのだ。西欧は、防衛を米国に依存していたが、米軍は当初韓国に、その後にはベトナムに足をとられることになる。必要とあらば核をもって欧州を守るという米国の言葉も、多くの欧州人にとっては疑わしいものであった。というのも、核戦争となれば米国も破壊されてしまうのだ。そのような状況下にもかかわらず、欧州防衛共同体構想は一九五四年、失敗に終わった。数年後、欧州経済共同体が、六か国の参加をもって設立される。これは経済を主眼とした組織であり、軍事のそれではない。創設者たちは、経済面で協力することが、やがて米国の援助なしでもソ連の侵攻に抗い得るだけの軍事力を持った欧州合衆国の誕生につながることを期待したのだ。しかし、欧州合衆国が姿を現すことはなかった。

冷戦による継続的な軍事的脅威に晒されても成し遂げられなかったことが、ソ連が崩壊した今日、達成できるわけがないのは明らかであろう。欧州への目に見える軍事的脅威が存在しない時に、欧州を軍事超大国にすべく膨大な財政負担をどうして欧州の国民たちが許容するのであろうか。今日の主たる脅威はテロによるそれであり、軍事超大国となることが、テロリストからの脅威に対抗する手段とはなり得ない。欧州合衆国がいつか成ったとしても、その軍事力は米国に比べれば取るに足らないものとなろうし、また、そうであるべきであろう。過去何世紀にもわたり、我々欧州人たちは欧州の内外で不要なまでに戦争を繰り返してきた。我々に過去の世紀から学ぶべきことがあるとするならば、軍事超大国になるのではなく、もっと賢い目標をみつけ、その分野で米国と世界的な競争ができるようになるべきであろう。欧州には世界に資するべきものがたくさんある。第十二章で述べるが、米国と協力し、世界をより安全で、自由で、繁栄した場所へとすべく努力をすべきであろう。

今後数十年、人間性というものが、歴史的にみても特異なほど重要となるであろう。世界は初めて、領土欲のない軍事的唯一超大国が支配している。米国の政策には、批判に値するものもあるであろうし、時に誤りを犯すことは仕方ないことである。しかし、二十世紀における米国の軍事進攻をつぶさに見てみると、決して彼らには領土を獲得せんとする意図はない。米国やその同盟国が攻撃を受けるときもあれば、自らをして他国に自由と民主主義を広める義務があると信じる米国の指導者たちが介入するときもある。上手くいく場合もあれば、失敗に終わることもある。しかし、すべからく米国は最終的には撤退するが、占領された国が望めばその限りではない。今日世界中に拡がる米国の軍事基地はすべて当該国との合意に基づき存在するものであり、例外を挙げるならキューバのグァンタナモ米軍基地くらいである。冷戦期半ばに、米軍とＮＡＴＯ軍の撤退を求めたフランスなどの例もあるが、彼らは即座にそれに応じたのである。

米国によるイラク戦争を非難する者たちが忘れてはならないのは、サダム・フセインはヒトラーやスターリン以来、最も残酷な独裁者の一人だ、ということである。サダム・フセインは、油田を求めイランやクウェートに侵攻した。彼はイランのみならず自国の国民に向けても大量破壊兵器を用いたのである。米国を非難するとするなら、湾岸戦争の際にサダム・フセインをもっと叩いていれば、イラクの人民があれほど悲惨な状況に陥ることを防げたであろう、ということだ。イラクの地に、真に民主的な法治国家を建設するという良識的な計画への配慮が足らなかったことは明らかであろう。しかし、欧州の国々も、かつての植民地においては似たり寄ったりでである。過去の失敗を分析し、新たな解決策を生み出さなければならない。

技術的、政治的な変化が急な時代においては、予想だにし得ないことが起こり得るものだ。十九世紀の終わりに、二十世紀の政治的革命を予想した者がいたであろうか。あり得ないことかもしれないが、攻撃的な軍事的超大国が台頭する、という想定も排除し得ない。技術の飛躍的進歩や政治的激変が、新たな超大国を生み出すことだってあり得るのだ。それは米国とは異なり、民主的な憲法も市場経済もなく、軍事的拡大と征服、被征服民の同一化を目指す者たちかもしれない。そのような超大国はやがて崩壊するであろうが、大量破壊兵器が存在する時代においては、世界の人口の大部分を巻き込むことになる。多くの人命を奪い、征服した広大な地域を根絶やしにした中央アジアの騎兵部隊ですら、彼らが用いた武器は今日のそれよりもずっと原始的なものであったことを忘れてはならない。今こそ、民主的な法治国家を建設し、世界的な市場経済へと組み込むべく明確なコンセプトを生み出す時である。欧州は、世界の大半を支配下に置いていた二十世紀初頭において同様の好機があったにもかかわらず、それを成し遂げることができなかった。それればかりか、二度にわたる世界大戦を引き起こしたのだ。二十一世紀、欧州が米国や他の民主的法治国家と手を携え、百年前の過ちを繰り返すことがないよう望んでやまない。

第五章

君主制、寡頭制、そして民主制

政治的安定と経済の繁栄をもたらすであろう民主主義と法の支配とを基礎とした国家像を生み出し、そして実現させることは容易なことではない。それは歴史が示している。国家が大きくなればなるほど、それは難しくなっていく。広大な領地を短期間に征服した軍事指導者は数多くあれど、征服地を、法の支配、経済的繁栄、そして自由を享受する永続的な国家へと作りかえることができた者は少ない。国民による積極的、または少なくとも受動的な支持を得た国家だけが長期にわたり成功したのだ。かつては、宗教がそれを可能としたが、今日では民主主義が必須要件であろう。

十九、二十世紀と、欧州や米国の民主主義体制を欧州内外に導入しようとする試みが何度となく繰り返された。しかし、そのほとんどが失敗している。それゆえ、民主主義に基づく新たなモデルを構築し、実現させる前に、過去の国家類型を検証することが道理であろう。君主制、寡頭制、民主制そして無政府状態という異なる国家体制を繰り返した古代ギリシャを参考にするのが有用であろうと筆者は考える。目的は無政府状態を回避し、君主制、寡頭制、民主制という異なる要素を取り入れた法の支配を基礎とする安定した国家を建設することである。理想を言えば、それら三つの要素が上手くかみ合い、国家そして国民に資するものとなるべきである。

前述のとおり、君主制、寡頭制そして民主制の要素は石器時代、狩猟採集生活をしていた時代から今日まで連綿と続いている。何千年もの間、人々は生き残るために協働してこなければならなかった。象やサイ、ライオンや虎などの大きく、獰猛な動物を獲得するために、人々は長期にわたり、明確な役割と組織を持った大集団のなかで共に働かなければならなかった。新たに発見された考古学的資料によると、二百万年前にアフリカに発し、欧州やアジアの地に広く定住した現代人の祖先「ホモ・エレクトゥス」には、大きく、獰猛な動物を狩猟する能力があり、ネアンデルタール人や石器時代の人類とさして変わらない生活をしていたようである。

大きく、獰猛な動物を狩猟するためには、必要な武器の製造から、それらを用いる猟師の訓練、最小限のリスクで可能な限り多くの獲物を獲得するための戦略の構築まで入念な計画が必要である。また、その計画ではひとたび獲物が獲得できた後に何を為すべきかをも決めておかねばならない。寒い冬、食べ物がなくなる時に備えて、肉を処理し保存する道具も準備しておかねばならない。ドイツ・シェーニンゲンで発見された史料によると、「ホモ・エレクトゥス」の一団は、四十万年前に少なくとも二十頭の野生の馬を狩猟しているという。動物の体は、石器で切り刻まれ、骨まで利用されていたのだ。考古学的史料が教えるところによると、「ホモ・エレクトゥス」は安全が確実に確保されるまで、あらゆる捕食者を遠ざけることができたという。彼らは、大勢で迅速に活動することができたか、終日捕食者を監視するためのしくみを作り上げていたのである。これらの洞窟から発見された木製の槍は、今日やり投げ競技で用いられるものにも遜色のない空力的特性を備えていた。これらの槍の複製品を用いた実験の結果、二十から三十メートル離れた位置から大きな動物を狩猟していたであろうことが分かる。

そのような大物狩りを成功させるために、「ホモ・エレクトゥス」は、現代の狩猟採集社会と同じような組織構造と言語というコミュニケーション手段を必要とした。既にその段階で集団なり部族なりは、グループの指揮に責任を持つ首長や君主のような存在を必要としていたのである。さらに、リーダーシップを必要とするより小さな集団も存在していたに違いない。男性のみならず、女性も狩りの準備にはかかわっていたであろうし、狩猟に参加していたかもしれない。少なくとも食肉の処理や保存には重要な役割を担っていたであろう。

石器時代のありようを今に伝える社会をみるか、確かな研究資料を読めば、ヒエラルキーのトップには首長がおり、その傍に呪医と呼ばれる、医術のみならず、宗教儀式も担う者がいたことがわかる。もう少し力の弱いリーダーが集団となって、グループの中で重要な役割を担っていた場合もあるであろう。君主としての首長や、寡頭制としての長たちは、少なくとも集団や部族の大多数が彼らを信頼してはじめて、その役割を効果的に果たすことができるのである。困難かつ時に危険も伴うような環境下で、何世代にもわたり集団が効率的に協力し、生き残っていくためにはこの信頼関係は不可欠である。先史時代、君主制や寡頭制の要素に加え、石器時代の集団にみられる民主制の要素も既に存在していたであろう。そう考える理由は他にもある。歴史を通してみると、どうやら小さな集団や国家のほうが、大きなそれよりも民主主義の要素が強いようなのである。

動物社会においても、同様のヒエラルキーや集団構造があることを忘れてはならない。集団で生息する動物には、集団の他のメンバーと協力したり、指導者という概念を必要としたり、また指導層による寡頭体制に従って行動する種が幾つも存在する。近年の行動分析によると、人類の集団行動とさまざまな動物のそれとは驚くほどの類似点があるのだ。

数百人の集団における君主制、寡頭制ならびに民主制の相互作用は、長い進歩の結果である。集団の適正規模は、気候や地理的環境、食糧の入手可能性に応じて変化する。人口には最大限または最小限の規模がある、ということが考古学的史料や現存する狩猟採集社会をみると分かる。また考古学的史料によれば、遠く離れた集団間で交易が行われていたことも分かる。異なる集団の間で交易が行われれば、友好関係と血縁関係が生まれることは経験が教えるところである。人類の歴史は、その初めから食料や飲料水などの貴重な資源、最も快適な居住地、そして最も美しい女性を巡る戦いによって形作られてきたのだ。

人類の異なる集団がしのぎを削ってきたからこそ、石器時代初期の人類は南極大陸を除くあらゆる場所に定住することになったのだ。争いに敗れた側は、集団として生き残り、自立していくために、新たな土地へと移り、そこに定住せざるを得なかったのだ。熱帯アフリカの「ホモ・エレクトゥス」の知的業績は称賛に値するであろう。他の種のように、自らの肉体を環境に適応させるのではなく、彼らは必要に応じて環境を適合させてきたのだ。つまり、寒い地域に移動した我々の祖先は、時間をかけて太るのではなく、暖かい衣服を作り出し、寒波から身を守るための小屋を建て、暖を取るために火を利用したのである。「ホモ・エレクトゥス」は、果物や小さな動物のほか、大きな動物を食糧とするにあたって狼のような長い歯やライオンのような大きな爪を発達させるのではなく、武器を開発し、巨大かつ危険な動物を狩るのに用いたのである。海岸線や湖畔、河岸で生活するようになると、泳ぎを身に付け、ボートを作り、食糧となる魚を獲るための網や銛、釣り竿や釣り糸を作ることを学んだのである。

初期の人類は肉体的に環境に適応しておらず、また異なる地域の人類の遺伝子にさしたる違いもなかった。この事実を踏まえると、知的発達や集団の社会構造に遺伝子が適合すると同時に人間性というものが急速に拡がっていったと捉えることもできよう。あらゆる戦争にもかかわらず、異なる集団の間での遺伝子の交換は激しいものであった。遺伝子研究によると、隣接するチンパンジーの群れの遺伝子よりも、大陸に拡散した人類の異なる集団のそれのほうが関係は深いという。残念ながら、「ホモ・エレクトゥス」と現代人との遺伝的違いはなさそうだ。

いずれにせよ、知的能力を持った「ホモ・エレクトゥス」は個体としてだけでなく、集団構造としてもかなり成功していたのである。個人間そして集団間での長く、厳しい競争のなかで、上手く適応できなかった遺伝子や社会構造を持つ者たちは死に絶え、一掃されていったのだ。好むと好まざるとにかかわらず、我々は個人としても、社会構造としても、この長い淘汰のプロセスの産物なのである。

今日に至るまでの人類の発達と進化の時間を実感して頂くために、筆者がいつも用いるイメージを紹介したい。長い時間の経過を実感する一助となろう。つまり、人類が地球上に存在してきた時間を一年間と仮定しよう。二百万年前「ホモ・エレクトゥス」が登場したのが一月一日として、それをもって人類の発達が始まったとすると、少数の人類が初めて小規模の農業に取り組んだ一万二千年前というのは十二月二十九日に当たる。四千年前、十二月三十一日に至ってはじめて、農業が広く行きわたり、人類社会を形作り始めたのだ。そして今、この農耕社会は終わりを迎えつつある。

今日、多くの人々が工業やサービス業を基礎とした社会に生きている。おそらく数十年後には、欧州やアジア、北米の発達した社会でみられるように、農業を生業とする人々はほんのわずかなものとなるであろう。石器時代の狩猟採集社会のように、農業が遺伝的にも社会構造としても、人間性に影響を与えることはもはやないであろう。

一方で、およそ一万二千年前と言われる農業の導入、農業革命として知られるそれは、今日に至る国家の発展に大きな影響を与えている。この革命により、集約的な農業に適した土地で、人類が知識と技術とを適切に利用しさえすれば、かつては数百人程度が限度であった土地で何百、何千もの人々を養うことが可能となったのだ。狩猟採集社会での比較的小さな集団における、君主、寡頭制そして人々との緊密な協力関係は、君主や寡頭制と協働する少数の指導者と、現場で働かなければならない多数の人民との関係に置き換えられたのである。

農耕生活を送る人々にとっては、狩猟採集社会に比べて、収穫の間の食糧保管の重要性が高くなる。狩猟採集社会は、広大な地域に点在し、また一年を通じてさまざまな食糧源を見出すことができるのだ。食糧を保管するという経済性と、腹をすかせた隣人から保管施設を守るという要請が、中近東における初期の農耕社会において武装都市の発達を促した。それは、統治と交易の中心地であり、食糧を保管する場所であったのだ。統治と軍事的防衛に責任を負ったのが君主であり、寡頭制であった。農耕文明が発達した中近東では、狩猟は君主や寡頭制の特権となり、軍事力は彼らが保持することとなった。大部分の人々は土地を耕し、農業に糧を得るようになり、君主や寡頭制への依存度を高めていったのだ。民主主義の要素は徐々になりをひそめ、古代ギリシャの都市国家のような小国や小さな社会でのみ生き続けることになる。大国では、民主主義など望むべくもなかった。国民全員を一堂に会し、伝統的な方法で意思決定を行うことなど不可能であったのだ。スイスのカントン（州）で行われる地方民会の様子を目にしたことのある者であれば、この伝統的な民主主義の方法には参加者数に限度があることが分かるであろう。

前述のとおり、農業革命はあっという間に達成され、それを可能とした高い知性を持つ人間らしさが花開いたが、遺伝的変化を引き起こすことはなかった。しかし、集団や国家の社会構造は、その新しい環境に応じて変化した。より大きな、そしてより繁栄した国家では、君主制や寡頭制に対する民主的正統性はなくなっていった。国家が存続するためには新たな正当化が必要となった。宗教的正当化、である。この国家体制においては、君主または寡頭制が核を成す。君主は神または神々によって選ばれし者であり、古代のエジプト帝国や中国、日本、または中南米のインディオの文明において神聖なる地位を獲得したのである。特筆に値するであろうが、これらすべての異なる文明において、同様の国家体制が出来上がったのである。つまり、強固な宗教的正当性を持つ世襲君主制である。

この体制が、他の体制にはない利点を持つことは明らかだ。世襲君主制は政治的に安定するのである。皇位継承が明確であることで、権力闘争や内戦が減少した。これは、狩猟採集社会よりも、農耕社会においてより重要な問題である。収穫が台無しにされたり、備蓄した食糧が盗まれたりすれば多くの人民が飢餓に陥るのだ。狩猟採集社会では、そのような恐れはない。国家が大きくなればなるほど、領土や備蓄食糧の保護が重要になり、それだけ君主や寡頭制の地位が強力なものとなるのだ。そのような国家が、周辺地域の農業に適した土地をすべて統合することができれば、他所からの攻撃や狩猟民から、長期にわたり国家を守ることができる。エジプトや中国がその好例であろう。ひとたび統一されると、神聖なる君主を戴く帝国は長い間驚くほどの安定をみせるのだ。ひとつの王朝が崩壊すると、内戦と無政府状態が出来するが、やがて同じような国家体制に戻るのである。

大きな農業国家には、狩猟採集経済や牧畜を基礎とする国家に比べて、もうひとつの利点がある。農業経済では、たくさんの人手を要する耕作や収穫に費やされる時間が比較的短く、他に費やせる時間が長くなり、また女性が為し得る軽作業も多くなる。そのため、大きな農業国家では、政治的指導者にとっては潜在的労働力が豊富に存在することになる。それを軍事目的に供することもできるが、これには二つの意味でデメリットが存在する。第一に、耕作や収穫のために兵士を召還しなければならない、次にすべての男子に武器を与え、軍事訓練を施すことになる。国民からの十分な支持を得ていない政治的指導者にとって、これは脅威でしかないであろう。それゆえ、農業国家は職業軍人を登用し、潜在的な労働力は、軍事施設や道路、灌漑設備の建設、高水工事や寺院、宮殿またはピラミッドなどの建設に充てようとするのだ。

大きな農業国家を治め、必要な役割を果たすために寡頭制の存在が不可欠となる。つまり、国防や備蓄制度の管理、交通や灌漑システム、さらに宗教による統治が行われている国では極めて重要な、司祭や寺院による宗教儀式、などである。

狩猟採集社会では、労働の分担は主に男女を基準になされるだけだが、農耕社会においては多面的な分業が行われ、専門性が発達する。しかし、この専門性というのは大きな国家においてのみ発生するものだ。山間地や島嶼部など政治単位の小さな地域では、地理的な制約があるため、人々は何かに特化するということができず、さまざまな役割を果たさなければならなくなる。一方、大きな国家の都市部では、職人や商人、その他専門職などさまざまな職業が存在し得るのだ。行政、軍隊、司祭や教会などの運営資金を賄うために、これらの国家では国民に税を課さなければならない。国家の発展段階の初期では、税金は公共の利益に叶う仕事に充当されるだけでなく、君主や寡頭制が農民よりも贅沢な暮らしをするためにも用いられてきた。血税の無駄遣いは農業革命がもたらした負の一側面であろう。

宗教による正当化、という点において寡頭制は、自分たちを選出、任命し、または解任することができる君主に多かれ少なかれ依存することになる。寡頭制が君主に対してその立場を強くすると、世襲の寡頭制や貴族が登場し、称号やその役割、立場に応じた経済的優位性などを子孫へと伝えることができるようになる。これが、君主の立場を弱めるのだ。世襲制の貴族が存在しない国においてすら、寡頭制は君主への影響力を強めようと躍起になる。君主と寡頭制とのこの見えざる衝突はあらゆる時代、あらゆる地域でみられるものだ。しかし、彼らは相互に依存関係にあり、また共生していかねばならない関係でもある。君主は国家を運営し、守るために寡頭制を必要とする。一方寡頭制は、国民に対し宗教的に正当化された象徴として、また他の寡頭制との諍いの仲裁者として君主を必要とするのである。

十八世紀末のアメリカ独立革命まで、ほとんどの大国で世襲君主が長きにわたり存在した。帝国時代以前のローマは例外である。実際に、ローマも共和政時代になると、国内での内乱、内戦の結果として君主制に至っている。小さなローマ共和国が歴史上最大かつ最も重要な帝国のひとつとなり得たのは、ひとつにイタリアが政治的、地理的に分裂していたこと、そしてアレクサンダー大王の帝国があっという間に興り、そして崩壊したため、地中海地域に政治的、軍事的空白が生まれたことによるのだ。この真空地帯に最初に分け入ったのが、地中海のもうひとつの共和国、カルタゴである

およそ百年も続いたカルタゴとローマとの戦争は、時に分裂し、時に優柔不断な双方の政治的指導力をもって特徴づけられる。寡頭制を成す貴族やその家族たちは、敵そのものよりも、国内の軍事的指導者たちが自分たちの政治力を乗っ取ることを恐れていた。ハンニバルがローマの軍門に立った時、もし彼がカルタゴの政治指導者たちから必要な連携や補給を受けることができていたら、ローマ共和国は攻略されていたであろう。ハンニバルが退却し、カルタゴが敗れたことでローマ共和国は地中海西部と大西洋に至る境界地域の支配権を手に入れ、その後、地中海東部アレクサンダー大王が残した帝国（マケドニア）を征服することができたのだ。

超大国としてのローマの隆盛は、優れた軍事的指導者や何世代にもわたり世界帝国の夢を追いかけた王朝の力によるものではない。それは、敗戦、国内の混乱そして内戦という長く、痛ましい道程の先に辿り着いたものである。ローマは意図して世界帝国になったのでも、長期的戦略に基づいてそうなったのでもない。ただ歴史の偶然によって世界帝国となったのだ。紀元前五〇九

年、最後のローマ王タルクィニウス・スペルブスがローマを追われた時、自分たちが統治する共和国を建設することを決めた貴族たちが苦心したのは、第一に世襲君主の出現を阻むことであり、内戦の勃発を防ぐことはその次であったのだ。君主の出現や内戦の勃発が抑えられない場合でも、政治機構や法律が帝国の基礎となったのだ。これにより、共和国そして後の帝国は、あらゆる災難をも潜り抜けられるだけの安定と、大きな領土と人民とを、ローマ帝国へと政治的に統合していくだけの柔軟性を手にしたのだ。共和国では元老院が主たる政治力を持っていたが、危機の際には、個別の執政官または独裁官が短期間ではあるが特別な権限を与えられた。地中海地域で共和制を敷くその他の都市国家は、運営に失敗し、ローマ帝国へと統合されていった。

ローマ共和国の政治体制や法律は、のちに国家体制が発展していく過程での帝国支配の礎となっただけでなく、欧州さらには世界全体における法治主義の発展に影響をもたらした。二十世紀に至るまで、弁護士の養成にはローマ法の研究が義務付けられていたのである。

世襲君主制となるまでのローマ共和国こそが、人類史上最も成功した共和制であった。後に、中世末期のベニスのような寡頭制の共和国が出現したが、ローマほどの規模も影響力も持つことはなかった。全く新しい国家概念を持つ米国が世界大国となるのは二千年も後になってからである。

農業革命の萌芽から十八世紀末のアメリカ独立革命に至るまでの人類の歴史が示しているのは、少なくとも大国においては、宗教的正当性を持った世襲君主制と寡頭制との組み合わせこそが他の国家体制に比べて優れているということだ。寡頭制の権力構造に入るには幾つかの方法がある。君主の権力が強ければ、誰がそのメンバーとなるかは君主が決することができる。寡頭制が強ければ、その他の方法でメンバーを決することになる。それは、選挙やくじ引きであったり、財産や軍事での功績、教育、または特定の血族であったり、社会的地位であったりしよう。一六一五年から一八六八年の日本のように、寡頭制が強力であれば、君主は単なる宗教的シンボルへと押し込められる。この時代の政治権力は天皇ではなく世襲的な首相、つまり将軍と呼ばれる徳川家が握っていたのだ。

世襲君主と寡頭制とが共益関係にある国家体制は、農業地帯だけでなく、アジアやアフリカの牧草地域においても有効であることが分かる。そのような地域では、家畜を飼育するため、狩猟採集社会よりも人口密度が高くなる。家畜と共に過ごす人々は、農業地域のそれよりも機動性に富み、狩猟採集民族に似た遊牧生活を送ることになる。そこでは、農業地域に比べて、一人のリーダーが全体をまとめることが難しくなり、さまざまな職業集団や専門分化した寡頭制を構築することができない。さらに、すべての男子が戦士となる可能性すらあるのだ。農業を基礎とする大帝国では、そのような遊牧民が馬を手にしない限りは問題とならない。しかし、戦力としての馬の重要性が高まると、遊牧民は二重の優位性を得ることとなる。騎兵隊は歩兵隊よりも高い機動力を持つので、より広い地域を支配することが可能となる。遊牧民の帝国の人口密度が低いのは、遊牧民が子供のころから馬に乗り、武器を使うことに慣れていることが要因であり、一方、農耕の民たちは概して戦争には不向きであると言えよう。特に、中国は巨大な騎馬民族に征服されたが、それはアジア、欧州、北アフリカの一部まで拡がっていた。しかし、長期的にみると軍事的勝利が政治的成功をもたらすことはなかった。遊牧の文化を持つ騎馬隊は戦いに勝利すると、退却するか、その地の政治体制に適応し、やがては人口の大多数を占める農耕文化に吸収されるかの選択に迫られることになるのだ。

君主制と寡頭制、そして民主制の共生こそが、長い年月をかけて狩猟採集社会の小さな国家の人々の暮らしを形作ってきた。そして、農業革命と牧畜とによって、世界の大部分が宗教的正当性を持つ世襲君主制と寡頭制による国家体制へと結実していく。農業革命によって、農業に適した地域ではより多くの人々の糊口を満たすことが可能となったが、偏った食事による欠乏症や、不自然な活動による体の損傷、都市部などの人口過密による寄生虫や疫病など、人々は健康面で犠牲を払うことになった。

政治面でみれば、農業革命には良い面と悪い面とがある。大きな農業国家では、近隣諸国からの攻撃や略奪に対する防御が強くなる。国家は国内および国外との交易を促進すべく法的な保護を与えることになる。これは、農業生産、牧畜、鉱業または手工業への専門特化を可能とする分業に依拠する経済の発展には不可欠なことであり、それによって国家ならびに国民は繁栄することができるのだ。

一方で、君主と寡頭制とが大多数の国民を支配することの政治的不利益は明白だ。国家が大きくなればなるほど、国民の政治的権利が制限されることになる。この民主的権利の衰退はやがてより小さな国家へと拡がっていく。山間地や島嶼部などの遠隔地や遊牧民の社会では、このような民主主義の目立った衰退はみられない。政治力の喪失、高い税金そして戦争を通じて、農耕民たちはゆっくりと一種の農奴や奴隷へと堕ち込んでいくのだ。

農業従事者の生活環境が悪化すると、人々は寡頭制の輪に加わろうと努めるようになる。一方で、既存の寡頭制は新たな人材の登場を阻害し、可能な限り自分たちおよび一族の立場を守ろうとする。君主や寡頭制は自分たちの活動を税金で賄っているが、往々にして自分たちが税金を納めることはない。今も昔も、農民たちは増大する税負担に苦しみ、商人や職人たちは課税を逃れたり、税負担を消費者に転嫁したりする。

戦争や凶作が農民の反乱を引き起こすことがあるが、たいていの場合は失敗に終わるし、たとえ反乱が成功裏に終わっても、それが社会のシステムを変えることはない。君主や寡頭制が交代させられ、寡頭制の減少とともに税金や社会費用は削減されるが、また新たなサイクルが始まるに過ぎないのだ。中国やローマ帝国の長い歴史のなかで、その例は事欠かないであろう。高い税率が、ローマ帝国の崩壊を早めたと指摘する歴史家もいる。つまり、上流階級は、ほとんど税金を支払おうとはしない。一方、経済にとって重要な役割を果たす農民やその他の集団は重たい税負担を強いられる。その結果として、帝国の経済は低迷を続け、国防費は減少の一途を辿ったのだ。帝政末期、ローマ軍の兵士のほとんどが傭兵で、彼らは報酬がなければ戦おうとはしない。

農奴や奴隷は、その訓練状態からしても、モチベーションからしても軍事には不向きである。ローマ帝国西部の崩壊によって、体制の変更にこそ至らなかったが、無政府状態となり、何世紀か後、カール大帝の登場とともに神聖ローマ帝国が出現することとなる。

君主の宗教的権威が疑われ、大国でさえ民主的な正当化が可能ではないかという思いが生まれると、宗教的正当性を持った君主と寡頭制との共生は色あせ始める。その好例がアメリカ独立革命であるが、その後二百年を経た今日でも世界中でそのプロセスが続いている。

アメリカ独立革命とは異なり、多くの犠牲者を伴ったフランス革命は衝撃そのものであった。フランス革命の失敗と王政復古の後でさえ、欧州そして世界の歴史を巻き戻すことはできない。十九世紀から二十世紀にかけて、総選挙による民主的正当性を持った寡頭制が優勢となってきている。これは平和的プロセスを経ることもあれば、革命を伴うこともある。かつての寡頭制の経済的基盤は農地や森林資産であったが、工業化の結果としてその重要性が失われていった。古い寡頭制は、君主と緊密な関係を持つ高貴な一族であり、君主同様、選挙を通じた民主的正当化を好ましく思わない。ただ、革命は往々にして血を見るものとなるので、平和的妥協案を探ることのほうが有利なのだ。英国がその好例であり、他の国にとっても範となるものであろう。貴族と君主とが支配権を握り、権勢を誇った貴族院も、民主的に選出される下院にさまざまな権限を譲り渡している。

ほとんどの世襲君主の立場はあまりに弱く、寡頭制や民主的正当化と政治的に争うことはできない。君主制にかかる費用はたいてい税金で賄われているのだ。課税に対する権限を国会が徐々に握っていくことで、君主に対して圧力を加えていくことになる。スイスやリヒテンシュタインは別として、間接的もしくは極めて緩い直接的な民主制を採る欧州の立憲諸国では、君主が国会を無視して国民に直接働きかけることはできない。収めることのできない衝突を避けるためには、君主が寡頭制同様に徐々に退却せざるを得ないのだ。

君主制が廃止されなくとも、その権力は憲法の改正や徳川時代の日本がとった方策などを通じて著しく縮小される。国民や国外の人々からすれば、君主は憲法どおり大きな権力を持つ男子または女子であるわけだが、実際には発言権は限られてしまう。法律や新たな憲法下での君主の存在は純粋に形式的なものとなり、君主もまたそこから逃れることができない。ベルギー国王ボードゥアン（在位一九五一～九三年）のように、もし君主が自らの意思で法律への署名を拒めば、「統治不能」とされ、誰か他の者が法案に署名することになる。議会の開会宣言は、もはや君主が起草するのではなく、君主は政府が準備したものをただ読み上げるだけである。

国民からすれば、君主には象徴としての価値があるので、この方策は民主的正当化に依拠する寡頭制にとっても有意なものとなる。しかし、筆者にしてみれば、この方法が君主やその家族にとって理に適ったものとは思われない。君主はその政治的権力を失うばかりでなく、彼とその家族はやがて言論の自由すら失うことになるのだ。多くの君主制において、君主やその家族は、例えば結婚したい場合ですら、政府や議会に承認を乞わねばならなくなるのだ。二十世紀も終わりに近づくと、新たな、面白くもない仕事がそれに加わる。君主やその家族のプライベートが大衆やメディアのエンターテイメントのネタとなったのだ。賄賂を餌に、君主に雇用される者や友人たちから情報や写真、家族の手紙などを引き出し、新聞の購読者数やテレビの視聴率を上げる手だてとされたのである。そのような君主や家族にはもはや権威などなく、誰もがのぞき見られる籠に押し込められた存在であり、言論の自由もプライバシーもあったものではない。このような環境下、普通の家族生活や子弟の教育ができるわけもない。普通の自由を謳歌する家庭に育ちながら、そのような家に嫁いだ者にとっては、慣れるにも慣れようのない生活となろう。そのような国家での君主やその家族の仕事は、単に表層的なものとならざるを得ない。経済的には恵まれたものとなるかもしれないが、一市民としては、彼らと立場を交換したくはないと思うのは筆者だけだろうか。

そんな君主制など廃止し、籠を開け、君主やその家族たちにプライバシーと言論の自由を取り戻してあげることが人情ではないであろうか。だが、君主制を維持し、彼らのプライバシーを尊重し、民主的正当化とともに政治的機能を与えることのほうがより筋の通ったことであろう。我がリヒテンシュタイン侯国のように、だ。世の共和主義者たちは、人類の歴史上、共和政期は短く、世襲君主制期は長い、という事実を受け止めるべきであろう。

第六章

アメリカ独立革命と間接民主主義

十八世紀に至るまで、世界における国家発展に多大なる影響を与えていたのは欧州であった。しかし、一七七六年のアメリカ独立革命の成功がこの趨勢を変えてしまう。十九世紀から二十世紀になると、欧州の国々は一七八七年のアメリカ合衆国憲法にその範を求めるようになる。ラテンアメリカ諸国、そして他の大陸諸国がそれに倣った。米国は輝ける星となったのだ。英国の植民地から超大国という地位にまで上りつめたこの国の発展にはつぶさに検証する価値があろう。

北米の英国植民地は、英国一色というわけではなかった。他の植民地に比べ、欧州のさまざまな伝統が色濃く残っていたのだ。スペイン、フランスならびにポルトガルの植民地は、世界中の他の英国植民地と同様に、宗主国から流れてきた人々と先住民とが主に居住する。ラテンアメリカ、アフリカならびにアジアにおける欧州各国の植民地はそうであったが、北米の英国植民地には欧州の宗教的、国民的多様性がそのまま反映されていたのだ。国民の一部は宗教を理由に欧州から逃れてきた者たちである。カトリックから逃れたプロテスタント、プロテスタントから逃れたカトリック、そしてそのどちらからも逃れざるを得なかったマイノリティたち、といった具合だ。独立戦争の原因が、課税を巡る争いにあるのだとしたら、今日アメリカ合衆国となっている地域は、他の英国植民地同様に二十世紀に至るまで大英帝国の一部のままだったかもしれない。

米国が独立を勝ち得た時、建国の父たちはひとつの問題を抱えていた。多様な宗教が存在するために、政府の権力を宗教的に正当化することができなかったのだ。さらに、英国君主を退けた植民地であったのだから、新たな王朝を正当化できるはずもない。ナショナリズムや社会主義といったイデオロギーによる正当化という考えはまだ生まれていなかった。国家の権威を正当化するには、民主主義という方法しか残されていなかったのだ。アメリカ合衆国憲法を起草した者は、伝統的な民主主義にはある種の限界があることを、歴史を通じて知っていたのであろう。人々による統治を可能とするには、人々を集めなければならない。それは、選挙民が容易に顔を合わせ、定期的に投票できる小さな政治単位においてのみ可能となるのだ。しかし、十八世紀末、米国はそのような制度が機能するには、規模の面でも人口の面でも既に大きくなり過ぎていたのだ。さらに、建国の父たちが恐れたのは、国民の多くがポピュリストのスローガンに踊らされ、法の支配のみならず、新たな国家の存在それ自体を脅かしはしないか、ということだ。

重税という苦しみはありながらも、この当時の大英帝国における権力の分立は進歩的であり、英国君主制はアメリカ合衆国憲法のモデルとなっている。英国の政治体制は、外国からの横やりが比較的少ないなかで発展し、ブリテン諸島という地理に守られながら、政治的に安定した国家へと成長していった。と同時に、二十一世紀の英国の政治体制は十八世紀のそれとは全く異なるものであることを記さなければならない。絶大な権力を握る大統領と、上院、下院という同等の権限を持つ両院により構成される米国の政治体制は、今日の英国の政治体制よりも、十八世紀のそれに似ているのだ。

アメリカ合衆国の建国の父たちは、簡潔明瞭な解決策を編み出した。憲法の基礎を英国の政治体制に求める一方で、宗教による国王の正当化を、民主主義による大統領の正当化と置き換えたのだ。貴族院と下院は、共に国民の投票によって選出される上院と下院とに置き換えられた。上院議員は一九一三年までは州議会による選出を通じて、国民から間接的に選ばれていたが、それ以降は下院同様に国民による直接選挙となる。その他の重要な展開としては、極めて大きな権限を持つ、独立した裁判制度であり、各州にかなりの自治権が与えられていることだ。連邦最高裁判所は憲法により設置された唯一の裁判所で、大統領や議会を通過した法律や法令を憲法に照らして無効にする権限を持ち合わせている。連邦最高裁判所の判事は大統領が指名し、上院の同意をもって任命される終身制である。米国のその他の裁判官は国民により直接選出される。当初、連邦を構成する州はほとんど独立した存在であったが、十九世紀の内戦、二十世紀の二度にわたる世界大戦、そして過去数十年間でのワシントンの連邦政府への権力集中により、各州の自治権は大幅に弱まってきている。しかし、米国の各州は、欧州各国の州と同様以上の自治権を享受していると言える。強いて例外を挙げればスイスくらいのものであろう。

分権が進んだ国家が、やがてより集権化され、官僚化されていくのは歴史が示すところである。戦争がこの傾向を決定的に加速させる。いわゆる神聖ローマ帝国はこの例に属さなかったが、神聖でも、ローマでも、帝国でもなかったからだ、とする向きもある。

アメリカ合衆国憲法のもうひとつの新たな点は、明確な政教分離であり、信教の自由を確かなものにしたことである。前述のとおり、多様な宗教が存在したことで、宗教による国家の正当化ができなかった経緯がある。知る限りにおいて、建国の父たちは敬謙なクリスチャンであったけれども、彼らは哲学的に一貫しており、あらゆる宗教の平等という原則が憲法に盛り込まれたことになる。信教の自由というのは、宗教から解放される、という意味ではなく、国家は特定の宗教を支持したり、弾圧したりせず、信教上の自由な行為を阻害しないという意味である。今日米国では、さまざまな宗教が切磋琢磨し、特定の宗教や信仰上の兄弟たちを支持するかどうかは、すべて各宗教の信徒の判断に委ねられている。米国人が欧州の人々に比べて信心深いのは、こういったことが要因であろう。

アメリカ合衆国の建国の父たちは、自国の政治体制が古典的な意味で民主的かどうかということについては意見の一致をみなかった。筆者には、アメリカ合衆国憲法も、他のあらゆる近代憲法も、真に民主的であるとは言えないという信念がある。民主的権利を引き合いに出す者もいるであろうが、筆者がそう考えるのには理由がある。

あらゆる間接民主制または議会制民主主義では、国民の民主的権利とは人事の問題に限られてしまう。さまざまな政党の立候補者は、たいてい地域や地方、全国的な組織の代表として選び出される。人事や経営判断を迫られている企業経営者であれば分かることだが、人事に関する判断は、往々にして営利にかかる判断よりも難しく、ましてや外部からの候補者を経営陣に加えるかどうかとなるとその判断は困難を極める。工場を新設するか、閉鎖するか、価格を上げるか下げるか、といった商業的な判断は計算ができるし、新しい経営者が成功するかどうかということよりも評価が容易である。少なくとも企業であれば、候補者と個人的に会話することも可能であるし、他の選考方法を用いることもできる。しかし、選挙民にはそのような選択肢はない。選挙民は知らない人には投票しないし、公約によって判断しているのだと言われるかもしれない。しかし、近頃の政党の公約など似たり寄ったりであるし、車の宣伝と大差ないではないか。さらに言えば、車を買った人は広告に偽りあり、となれば自動車会社を訴えることもできるが、選挙で裏切られたからと言って選挙民ができるのは次の選挙までの数年間を待って、別の党に投票することぐらいなのだ。政党の公約に対する信頼性が間接民主制を擁護する根拠となるのであれば、間接民主制の信頼性そのものが疑われるであろう。

国民の大多数が教育を受けておらず、識字率も低いのであれば、民主的原則を間接的なものに止めるのも理解できる。しかし、今日その妥当性は低くなっている。第一、支配層と被支配層との教育水準にはさして差がない。アフリカ諸国のように、国民間での教育水準に大きな差があったとしても、最も知性のある人々が支配層に属しているという印象はない。それに最高位での誤った判断の結果を受け入れなければならないのは国民全体なのだ。

アメリカ合衆国憲法がもともと民主主義を限定したものとしたのには別の理由がある。彼らの憲法は本質的に白人男子による民主主義なのだ。奴隷や女性、原住民たちは長い間民主的権利を与えられてこなかった。ギリシャの民主主義も、女性や奴隷の民主的権利を否定していた。奴隷廃止もその主眼にあった十九世紀の血で血を洗う内戦にもかかわらず、米国とその憲法は生き残ったのだ。

そのような弱点がありつつも、アメリカ独立革命で実現した民主的正当性を持つ寡頭制と君主制という体制は、国家発展の歴史を大いに前に進めるものであった。一万二千年前の農業革命以来はじめて、農業大国においても国家を民主的に発展させることが可能となったのだ。法の支配に基づいた民主的国家の憲法草案がこれほど成功したものとなったのは、たとえそれに数々の欠点があるといっても、過ちと悲劇に満ち満ちた人類の歴史にとっては幸運なことであった。

第七章

一八四八年のスイス憲法と直接民主主義への道筋

一八四八年、スイスは民主主義の発展に向けて極めて重要な一歩を踏み出した。スイスのカントンには、古代ギリシャで行われていたような直接民主主義の原型とも言えるものが生き残っている。米国や古代ギリシャのように奴隷制こそなかったが、二十世紀に至るも、スイスの女性には選挙権が認められていなかったのだ。一八四八年以前のスイスは連邦国家というよりも、国家連合といった様相を呈していた。ナポレオンがこの古き国家連合に侵略、短期的ながら一国家にまとめ上げるが、ナポレオン帝国が崩壊すると、他の欧州諸国同様にスイスも多かれ少なかれかつての政治秩序に戻っていった。

とはいえ、フランス革命やナポレオン時代の思想は欧州を作りかえ、それを受けてスイスも近代化に向けて大きな一歩を踏み出すこととなった。古い秩序を回復しても、安定しないことが明らかとなったのである。一八四八年、スイスや他の欧州諸国で政情不安が起こる。フランス革命は、君主、貴族、カトリック教会そして国家権力の宗教的正当化を攻撃の対象としたものであった。アメリカ独立革命と異なり、フランス革命はさまざまな理由から民主的正当性を持った国家秩序を生み出すことができなかったのだ。その解説は本書の主眼とするところではないが、少し触れてみたいと思う。それが、なぜ米国やスイスが民主的正当性を持った国家を形成することに成功し、欧州内外での他の取り組みは往々にして失敗に終わったのかを説明することになろう。

フランス革命は、君主や国家とのつながりを深めた宗教を、ナショナリズムというイデオロギーに置き換えようとしたものであった。これは、権力と法の支配とを分離した、分権された民主国家を作ろうなどという面倒な話ではなく、単にフランス人にとって「地上の楽園」たる強力な国家を打ち立てようとする試みであった。宗教による正当化がなされている国家においては、天国にまします神が神聖なる正義と天国の楽園とに責任を持つが、ナショナリズムに依拠する地上の国家は、地上の正義と楽園とに責任を持つのだ。ナショナリズムという国家感を論理的に突き詰めれば、社会主義となる。それゆえ、フランス革命以後、世界は様々なナショナリズムと社会主義との組み合わせを目にすることになる。国民の期待に応え得ない革命は遅かれ早かれ失敗に終わる。いまだ踏みとどまっているものも、やがては失敗に帰するのだ。

ナショナリズムというイデオロギーが前提とするのは、国家は人々の福祉、つまり国民の面倒をみなければならないという考え方であり、理屈としては悪くない考えである。しかし、十八世紀の欧州諸国は国民国家ではなく、統一された国民も存在しなかった。フランス王国でも、小さな地域の政治単位や、それぞれの特権と義務とを持ったさまざまな階層に分かれていることが普通であり、それは十七世紀の統合政策の名残であった。この統合政策は抵抗にあったが、より大きな経済圏が創出され、結果的に経済成長と工業化が可能となったのだ。域内関税の撤廃、通貨と度量衡の統一、私的独占の禁止、その他さまざまな特権が消費者の利にかなうよう統廃合され、それに適応できた生産者のみが生き残り、そして競争を高めていったのだ。

すべての特権や独占が廃止されずに経済圏が統合されると、往々にして政治問題となる。特権を失った人々や、競争が激化した結果として職を失う生産者や労働者が存在する。彼らはどうにかして自らの仕事や職場を守ろうとするが、時にはそれが極端な手段に走ることがある。さまざまな商品から選択が可能な消費者よりも、生産者のほうが不安定であると言える。商品の価格や品質の変更は常に起こるが、消費者にしてみれば全体を把握し、判断するのは容易ではない。さらに、多くの消費者が、生産者の成功は彼ら自身の力によるものだと考えている。成功した生産者がその富を見せびらかしたりすると、消費者の妬みを買うことになる。だからといって、消費者が価格の低下と品質の向上を求めて運動することなどめったにない。結果として、市場を開放し、大きな経済圏を生み出すことで利を得る者たちからの政治的支援は期待できないのだ。

この難解な政治問題を解決するために、政治的指導者は人々の知恵を正しくも信用しなくなるのだ。十八世紀末から十九世紀初頭にかけて、多くの人々は文字が読めず、今日同様にごく一部の知的エリートたちだけが市場経済の法則に興味を持ち、精通していったのだ。手ごろな宗教的象徴に頼り、自分たちが「選ばれし者」であると人々を納得させようとするのも無理ならぬことである。天にましまず神や、神の加護を受けた君主ではなく、今や全知全能の国家が「選ばれし者たち」のための楽園を生み出すのである。

次に来るのが、国家はすべての国民に、彼らが必要とするもの、彼らに値するものを提供すべきである、という考えだ。この目的を満たすためには、すべての生産手段が国有化され、慈悲深い国家官僚が存在することが必要となる。人類の進化の果てには、真の社会主義が出来するのであろう。しかし、ナショナリズムも社会主義も地上の楽園を創出することはできず、多くの社会主義者が当初期待したように国家の力を削いでいくことすらできないことは歴史が証明するところである。むしろ、ナショナリズムが社会主義を招来するように、社会主義が全能の官僚国家を招来するのだ。そこでは「選ばれし者たち」と「選ばれし労働者階級」というわずかな違いしか存在しない。綿密に分析すると、第三世界ではいまだ多くの者に支持されているナショナリズム、社会主義的政策はその実、全く非社会的であり、国益を害していることが明らかである。

スイスと米国は、宗教的にも民族的にも極めて多様な国民を擁しているために、この趨勢を今のところ回避している。スイスにはドイツ語、フランス語、イタリア語そしてロマンシュ語の四つの言語圏がある。カトリック人口が最大ではあるが、十六世紀スイスは改革派の拠点のひとつであり、カルヴァンやツヴィングリなどが活動している。二十六あるカントンの境界は言語や宗教の違いで敷かれたものではないので、ひとつのカントンのなかでも、言語または宗教的多数派はコミュニティごとに形成されることになった。

スイスでは、宗教的正当化をナショナリズムというイデオロギーに置き換えようとしても不可能であろう。多様な民族構成と地理的条件が、法の支配と権力の分散を基礎にした分権的民主国家の形成を後押ししたのだ。米国民も、スイスの国民も、地上の楽園を作る絶大な力を持った中央集権的国家など望まなかった。彼らは抑圧された多数派の費用で、一部の少数集団のための地上の楽園が生み出されることを恐れたのである。

強力な中央集権国家はスイスのコミュニティやカントンの選挙民が持つ民主的権利を縮小させたであろう。スイスや米国における民主主義の発展は、トップダウンの過程でもたらされたものではない。むしろ下から、コミュニティから起こったものなのである。コミュニティという最小の政治単位からの民主主義の発展成長こそが、民主主義や法の支配に基づく国家が長期にわたり安定するために不可欠なのであろう。そのためには、民主主義と法の支配に基づく国家の成長を後押ししようとする上からの指導力も必要となる。最小の政治単位での民主主義を有効たらしめるためには選挙民がその政治単位の財政にかかる決定を下す権限を持たなければならない。最小の政治単位が命令と資金の受け手でしかない強力な中央集権国家では、民主主義も法の支配も早晩台無しになるであろう。

アメリカ合衆国の建国の父たちは憲法を起草するに当たり、英国の経験に学んだように、スイス憲法の起草者たちも、自身のカントンにおける直接民主主義の長い経験と、十九世紀に至るまでの欧州、南北アメリカでの間接民主主義の歴史とに学ぶことができたのだ。例を挙げれば、記名投票は間接民主制で上手く機能していたが、これを直接民主制で取り入れない理由はないのだ。直接民主制では、国民の政治的権利は、やがては我田引水する代表者の選出に限られることはない。彼らは自分たち自身で重要な決定を下せるのだ。スイスやリヒテンシュタイン、また直接民主制の要素を取り入れた他の制度においては、次の二つの基礎的権利が明確に区別されている。

一、国民投票　議会の決定に対して国民が直接的に投票する権限を持つ

議会が決定を下した後、ある一定の期間内に、一定の有権者の署名を持って議決を一般投票に付すことが求められる。議決への反対票が多数を占めた場合、当該法案は施行されない。技術的に言えば、直接民主制でなくともあらゆる議案を国民投票に付すことは可能である。それゆえ、国民投票は憲法や法律に関する議決に限定される。スイスでは、連邦、カントンならびにコミュニティのレベルであらゆる議決を国民投票に付す義務がある。一般投票を義務付けることの問題点は、国民は興味のない問題についても投票しなければならないということだ。これが、スイスの国民投票で投票率が低い最も有力な原因であるが、投票率の低さはそれらの議決が民主的に正当かどうか疑問を投げかけるものである。

二、国民発案権

国民は、法で定められた定数以上の署名を一定期間内に集めることで、憲法や法律の改正案を提出することができる。議会はその提案を受け入れることも、拒絶することもできる。もし議会が拒絶するなら、国民投票に付され、国民は自分たちで決定を下さなければならない。また、議会は代替案を示す権利を持つが、どちらの提案も国民によって否決された場合は、何も変わらず、現行どおりとなる。

米国とスイスとの最大の違いは、国家体制にある。米国では、連邦議会や裁判所の権力者に対するカウンターバランスとして、民主的正当性を持った強力な「君主」、つまり大統領がいる。スイスには君主は存在しないが、行政、立法、司法を司る民主的正当性を持った寡頭制へのカウンターバランスとして直接民主制があるのだ。米国もスイスも、州やカントンでの自治権が、連邦組織の権力に対するカウンターバランスとなっている。しかし、二十世紀に入り、米国の州や、スイスのカントンにおける自治権は著しく損なわれてきたことを記さなければならないであろう。中央政府、つまり官僚化が蔓延り、寡頭制が強化されたのだ。国家が中央集権化すればするほど、国家の役割は多岐にわたり、それが選出された者であろうとなかろうと君主や国民にとって、多くの任務をさばくのに必要な寡頭制的官僚を監督、差配することが難しくなるのだ。それゆえ、米国やスイスにおいて、寡頭制に支配された中央集権的官僚国家へという流れを食い止め、反転させることが可能なのかどうかという疑問が生まれるのだ。

スイスの直接民主制が米国の間接民主制よりも、民主主義的であることは疑う余地のないことである。では、なぜ過去百五十年にわたり、スイスモデルが欧州の内外で成功しなかったのであろうか。その理由のひとつは、新しい寡頭制は古い寡頭制や君主による正当化に取ってかわることばかりに集中し、国民に民主的権利を与えることを疎かにしてきたということだ。民主主義の名の下、古い君主や寡頭制の宗教的、王朝的正当性が打倒されてきた。国民の大多数は、民主主義が何たるかを実際のところ知りもしなかったのである。十八世紀から十九世紀にかけて、民主主義の伝統を保持していたのは、スイス、アイスランドそして世界の一部の地域レベルに過ぎない。それゆえ、新しい君主や寡頭制にしてみれば、間接民主制が新時代の最良のモデルであるとするのは容易なことであったのだ。そうすれば、新たな君主や寡頭制が政治権力を放棄することなく、民主的正当性を獲得することができる、というわけだ。

スイス、米国さらには他の国家の憲法や国家体制について語るべきは他にもあろう。しかし、読者には、現リヒテンシュタイン侯爵である筆者にリヒテンシュタイン侯国を次なる例として取り上げることを許してもらいたい。規模こそ小なれど、リヒテンシュタインは民主主義と法の支配の発展という点については、興味深い一例となるはずだ。さまざまな憲法の歴史を学んだ者であれば、リヒテンシュタインの憲法には幾つもの新しい要素があることが分かるであろう。

第八章

二〇〇三年のリヒテンシュタイン憲法改正

既述のとおり、米国は民主的正当性を持った「君主」と寡頭制を基礎とし、スイスは民主的正当性と直接民主制による寡頭制を基礎とする。リヒテンシュタインはその三つ、つまり君主制、寡頭制そして直接民主制を持つ。これら三つの要素を合わせ持ち、調和とバランスの取れた政治体制を持つリヒテンシュタインは、憲政史上初にして唯一の例である。それを可能とした最大の要因は、スイスは別としてもリヒテンシュタインは直接民主制が完成形をみた唯一の国家であるということだ。他国では、直接民主制は国民投票の形式を採るケースが多いが、それは君主や寡頭制の利害に資するためのものに過ぎず、スイスやリヒテンシュタインほどには発達していない。国民投票に付する権限は君主や寡頭制にのみ与えられ、たとえ国民にその権利が与えられていても、国民投票の結果は、諮問程度の効力しか持たない場合が多い。

一八六二年に発布したリヒテンシュタイン初の憲法には、一八六六年の解体まで加盟していたドイツ連邦の影響が色濃く残っていた。その憲法は、君主制と寡頭制とを基礎としたものであったが、司法制度はその当時としては進んだものであった。ただ、リヒテンシュタインは法律と裁判官とはオーストリアに依存せざるを得なかったことは事実である。

第一次大戦中、リヒテンシュタインは中立を貫いた。しかし、侯国ならびにリヒテンシュタイン侯爵家が何世紀にもわたり優れた関係を築いてきたハプスブルク帝国の崩壊は、侯国に政治的影響を及ぼすことになる。戦後、リヒテンシュタインは外交ならびに経済政策をスイスに頼ることになる。オーストリア・ハンガリー帝国との関税同盟はスイスとのそれに取って代わられた。国内では、民主化の動きが強まり、一九二一年になって、一八六二年の憲法を根本的に改正することになる。

完全な三権分立など、当時としては最先端の立憲国家が誕生したのだ。スイスの例に倣い、国政ならびにコミュニティレベルでの直接民主制を導入した。もちろん、地域のコミュニティでは、スイスと同様にかなりの自治が認められていたことは記しておかねばなるまい。

スイスにおける直接民主制の経験は、たいへん貴重であり、示唆に富むものであった。しかし、スイスモデルに幾ばくかの改正を加えたのだ。国政レベルでの国民投票を憲法で義務付けることはしなかった。これは前述のとおり、国民に興味のない問題にまで投票を強いることを避けるためだ。リヒテンシュタインでは、議会の決定に不満がある場合、議決から三十日以内に、千人または有権者の五%を超える者がいれば、国民投票の実施を要求することができる。国家元首たる侯爵は、この三十日間を経過しないと法律や憲法附則を批准することができない。

スイスの制度に比べると、リヒテンシュタインは国民発案権を拡大した、と言える。つまり、国民には法律ならびに憲法改正を提案する権利が与えられたのだ。スイスでは、憲法にまつわる発案権だけが国政レベルで許されているが、リヒテンシュタインの国民は法律ならびに憲法改正を提案する権限を持つのだ。法律の提案には千名の署名、憲法改正には千五百名の署名が必要となる。スイスで憲法改正が提案されると、議会は数年のうちにその提案を受け入れるか、退けるか、または代替案を提出すれば良い。これは民主的、憲政的視点に立てば、寡頭制は国民投票を数年間先送りできるわけであるから、問題だと言える。その点、リヒテンシュタインでは異なる解決策を見出した。法案提出がなされると、議会は次の会期にその立場を表明しなければならないが、その際三つの選択肢が与えられる。

一、憲法による多数決の原理に基づき、その法案を受け入れる
二、代替案を示さずに提案を退ける
三、提案を退け、代替案を示す

議会が提案を退けた場合、政府は即座に国民投票に付さなければならない。スイスに比べ、リヒテンシュタインでは寡頭制の利害に影響を及ぼすほどに民主主義の要素を強めたのだ。

リリヒテンシュタイン憲法における直接民主制がとびぬけて強固なのは、君主の立場が長きにわたり強固であったことを考えると理解しやすいであろう。君主は、国民または議会の決議を否認する権利を持っているのだ。この拒否権はこれまでにも発動されてきたし、これからも必要とあれば発動されるであろう。これにより、リヒテンシュタインの体制は、公益に反するような過度にポピュリズム的な法案や、マイノリティに負の影響を与えるようなそれを防ぐことができるのだ。スイスが国民の提案を何年も先送りすることで達成しようとしていることを、リヒテンシュタインでは君主の拒否権、またはそれが発動される恐れだけで成し遂げているのだ。侯爵は、君主の権威や正当性を傷つけることがないよう、本当にそれが必要な場合に限り、拒否権を発動し、また発動しようと牽制したりするのだ。

一九二一年の憲法においても、君主は宗教的、王朝的正当性と、極めて強固な立場を保持していた。これは、理論的には合法的に専制君主制を構築できることになる。これにより、君主制に批判的な一団には、批判を繰り返す機会を与えたことになる。彼らの批判は、世襲君主制は民主的に正当化され得ないというものだ。彼らは、現代における君主は政治的機能のない単に象徴的な役割に限定されてのみ、それが正当化されると主張する。語弊を恐れず言えば、彼らは君主の役割を「イエスマン」のそれに限定したいのだ。彼らに反論するならば、ほとんどの世襲君主は少なくとも間接的には民主的正当性を得ており、リヒテンシュタインの憲法が規定する君主の立場は、民主的に選出された国会が一九二一年に批准し、二〇〇三年の国民投票でも承認されたものなのだ。いかなる政治体制にあっても、裁判官や官僚など非選出の者たちは、憲法に応じて政治的機能を果たすのであり、裁判官などは憲法裁判所で極めて重要な決定を下したりするのだ。

リヒテンシュタイン侯爵や侯爵家は常に憲法を支持し、経済を発展強化させてきているので、リヒテンシュタインの君主制を批判する者たちは立場がないであろう。君主制にかかるあらゆる費用は、侯爵ならびに侯爵家の私的財産から賄われているのであり、さらには何世紀にもわたり、侯爵は私財からの多大な寄付を通じて国ならびに国民を援助してきている。これが中断したのは、第二次大戦とその後始末によるものであった。チェコスロバキアは、リヒテンシュタインが中立国であったにもかかわらず、戦後リヒテンシュタイン人のすべての財産を差し押さえた。一族の財産のうち八十％以上がチェコスロバキアにあったのだから、たまったものではない。また、戦後の不況により侯爵家も君主も政治的に弱体化していた。一族の財政を再建しようとする当初の試みは失敗に終わり、君主が税金や政治家に財政的に頼らなければならなくなる危険すらあった。しかし、第二次大戦後の君主制の費用は、借金や、美術品、不動産の売却などでどうにか賄っていたのである。

そこで筆者の父は、かなり早い段階で、歴史や考古学、物理学などではなく、経済学とビジネスとを学ぶよう筆者に提案した。筆者にとってもそのほうが興味をそそられた。一九六九年に大学を卒業するとすぐに、家業を再建しなければならなかった。一九八三年にはおおよそかたちが整うと、翌一九八四年、父は筆者を摂政に任命した。リヒテンシュタインの憲法は、現侯爵が法定相続人に国家元首としての責務を代行させることを認めている。これまでにも、多くの侯爵がそうしてきたが、筆者自身も二〇〇四年に長男にその責を与えている。我が家では、現侯爵が年齢によってその責を果たせなくなってから、継承者に重要な仕事を譲るのではなく、継承者にその準備ができたら譲るべきだと考えている。この方法のもうひとつの利点は、現侯爵が継承者の相談役となれることである。

君主に対する批判は少数に過ぎなかったが、我が侯爵家では父の死後、彼らの正当な批判には応えるべしとの結論に至った。そして、まず、家憲の改革に取り組んだ。中世以来、侯爵家には家族を統治し、家族内での発言権や相続にかかる家憲を持っていた。その家憲も一六〇六年以来変更されておらず、改革が必要なのは明らかであった。一九九三年に制定した新しい家憲は、国民の求めに応じ、リヒテンシュタインの官報（Liechtensteinische Gesetzessammlung）にも掲載した。上述の点に加え、新たな家憲では、侯爵がその権限を乱用するなどして、他の家族の信任を失った場合、家長ならびに国家元首として退位する段取りも決めてである。

次に取り組んだのが、憲法の根本的見直しだ。侯爵家の改正案は議会でかなりの反対に遭い、二五の投票総数のうち一三しか賛成を得られなかった。一九二一年の憲法では、憲法改正には議会の四分の三の賛成または国民投票の過半数が必要と規定されている。そこで、我々は国民に語りかけ、必要な署名を集め、国民の意見とともに我々の目標を達成しようと試みた。君主制に反対する者たちも同様の取り組みを行い、国民に君主の力を弱めるべく提案を行った。二〇〇三年三月一六日に行われた国民投票の結果は、君主制支持、である。侯爵家の提案は六十四％の賛成票を獲得し、反対派は十六％、二十％は古い憲法のままで良いという結果であった。

一九二一年の憲法では、裁判官は議会の推薦を受け、侯爵が任命することとしている。理論的には良い方法であるが、実際には政党政治に左右されることになる。裁判官の任命は政党間の合意事項となってしまう。議会の多数派が入れ替われば、最高裁の多数派または長官も入れ替わってしまうのだ。そこで侯爵には選択肢が与えられることになる。裁判所がきちんと機能することを期待して静観する、もしくは裁判所に空席が生まれる危険を冒しても議会と対決する、この二つだ。政党は、裁判所が機能しないと侯爵を責めるであろうから、よほどのことがない限り、侯爵は危険を冒すことはない。

新たな法律のもとでは、複数の最高裁判事の任期が同時に満了しないようにするとともに、裁判官自身が長官を選ぶようにしている。これまで判事の候補者は政党の会議で選出されていたが、現在は独立委員会が候補者を選出し、それを議会に提示する。ちなみにこの委員会は、政府ならびに議会の代表者から構成され、侯爵が委員長を務めるのだ。もし、委員会と議会とが候補者について合意に至らない場合、判事は国民投票を通じて国民が選出することになる。

一九九〇年代に起こった憲法論争の主題は、裁判制度の権限や独立性ではなく、むしろ君主の地位に関するものであった。憲法における君主の強い立場からすると、侯爵家にとっては憲法が間接的に世襲君主を正当化するだけでは不十分なように思えた。君主制に反対する者たちは、一九二一年の憲法が規定する手続きを通じて君主制を廃するには君主の同意が必要だと批判するかもしれない。そこで、我が侯爵家では憲政史にも新しい体制を生み出した。つまり、直接民主制による正当性を持った世襲君主制、である。

リヒテンシュタイン国民に、憲法法案提案権の枠組みのもと、千五百名の署名を集めれば君主制の廃止を国民投票に付すことができる権限を与える、という条項を憲法に盛り込んだのだ。君主制廃止が多数となれば、議会は共和制に基づく新憲法を起草しなければならない。新たな憲法を批准するには、改めて国民投票を必要とする。つまり、リヒテンシュタインの君主が政治的機能を果たすためには、有権者の多数からの信任、つまり民主主義的正当性を獲得し続けなければならないのだ。

新憲法では、政府機能としての君主と、個人としての君主とを分けるという選択肢も国民に与えられている。国民投票で君主に対する不信任が表明された場合、侯爵家は憲法または家憲に従い、侯爵を退位させるかどうか決定する。国民の大多数による不信任の評決が尤もな場合もあれば、侯爵が正しくとも不人気な決定を下したがために国民の信を得られないという場合もある。後者の場合、侯爵家としては侯爵を追認することになるが、その場合、侯爵家の判断を受け入れるか、君主制を廃止するかは国民に委ねられることになる。

憲政史上初とも言える要素は他にもある。リヒテンシュタイン侯国に属するかどうかを地域のコミュニティが決することができるという条項が盛り込まれたのだ。そこでは、地域のコミュニティレベルでの自治権が導入されたことになる。類似した例は幾つかある。ソ連の憲法では、個別の共和国に分離独立の権限が与えられていたのである。しかし、ソビエトの憲法は実態とはかけ離れたもので、プロパガンダの道具でしかなかった。ソ連が崩壊した時、この憲法はもはや効力を発せず、各共和国の分離独立は民主的なものでも、憲法上の手続きによるものでもなかった。

民主主義と自治とは密接に連関しており、分けて捉えるのは難しい。国家とは国民によって支えられる神聖な組織であり、その境界は疑問の余地のないものだと考える者もいれば、民主主義の原理を信奉し、国家とは国民に資するため、国民によって作られるものだと考える者もいよう。民主主義の原則に「イエス」と答えるならば、自治権について「ノー」とは言えないのだ。多くの国家が、民主主義と自治権とを分けようと取り組んでいるが、まっとうな議論を進められてはいない。

民主主義と自治との分離という点について最も重要な主張が、自治は民族集団にのみ適用されるものであり、民族集団には独立を求める権利がある、とするものだ。バスクやクルドは民族集団ではないのであろうか。スイスやリヒテンシュタインは民族集団なのであろうか。スイスには、言葉、人種、宗教の異なる人々が住んでいる。その違いたるや、ドイツ、フランスまたはイタリアの国境を挟んだ人々との違いよりもはるかに大きなものだ。同様のことが、リヒテンシュタイン人、オーストリア人など多くの人々についても言える。独立や自治権を認められるかどうかは、単に歴史の変遷に過ぎないのだ。この権利を認められる者と、否定される者との違いを誰が指摘できるであろうか。

リヒテンシュタインの君主制とは、リヒテンシュタイン国民と侯爵家とのパートナーシップであり、相互尊重を基礎とする自発的なものであると、侯爵家は確信している。君主が国家や国民に積極的な貢献ができている限り、国民の大多数は君主制を望むであろうし、我が家憲で規定したような家族の自治などの条件が満たされるならば、我々は喜んで国家元首の責を負うのだ。このパートナーシップは三百年の長きにわたって続いており、侯爵家、国民双方にとって有意義なものとなっている。前述のとおり、リヒテンシュタインは二つの世界大戦で中立を貫き通し、十九世紀初頭以来、一度も戦争に巻き込まれていない。第二次大戦以降、多様性ある経済発展を成し遂げ、天然資源を持たない国であるリヒテンシュタインの国民は世界一の一人当たり所得を得るに至っている。

第九章

伝統的な民主主義の欠陥

一七八七年の合衆国憲法に記された間接民主制は、後にほとんどの民主主義国家のモデルとなったが、入念に分析してみると、民主主義としては脆弱な体制だと言わざるを得ない。宗教的正当化による国家と比較しても、国家体制や国内での権力の分散についてはさして変わらない。君主や寡頭制は国民から直接または間接的に選出されるのだが、国民からしてみれば本当の権力や責任がどこにあるのか、うかがい知ることは難しい。権力を持つのは大統領なのか、首相なのか、政党のリーダーなのか、党の支援者なのか、裁判所なのか、はたまた議会そのものなのか。議員は皆、党の指導者の操り人形に過ぎないのかどうか。前述のとおり、要は正当化の性質が変わっただけなのである。

寡頭制が国民により大きな発言権を与え、直接民主制を推し進めることに抵抗する様をみていると、ナショナリズムや社会主義といったイデオロギーが優勢となり、また宗教と同様にリップサービスばかりの民主主義がはびこる理由も理解できる。ナショナリズムや社会主義という考え方は、十九世紀になって台頭し、二十世紀に多大な影響力を持つに至った。宗教同様、多分に感情的要素が強いものである。大衆扇動的なスローガンやイデオロギーをもって多数の国民を動かすのは、効率的な民主主義や法の支配を確立しようとする長く、退屈で、複雑なプロセスに取り組むよりもはるかに容易である。権力の座にある寡頭制や君主は、このプロセスに取り組むばかりでなく、進んで権力を放棄しなければならない。民主主義というのはトップダウンで確立されるものではなく、下から積み上げられるべきもので、大国においては特にそうである。これは、米国やスイスで行われているように、政治権力を中央から小さな政治単位へ委譲していくことである。もちろん、独立状態に近い個々の州を統合し、国家を形成していくボトムアップのプロセスのほうがはるかに容易であろう。民主主義の政治的中心地に権力がないということは、それだけ国家に影響力を持つ人間たちが票を買収したりする機会が少ないということだ。

国家は地上の楽園を創出し、政府は有権者の信任を得るべく最善を尽くすものだと多くの有権者が期待している。その結果として、福祉国家が生み出され、官僚集団が増大し、国家が取り組むべき仕事がより多量となり、法律は膨大かつ複雑なものとなるのだ。小国においてさえ、国家官僚は制御不能なまでに増大する。議会は言うまでもなく、政府も官僚も国家運営全体を把握し、行政の各部門がいかに協働しているか、また不幸にもよくあることだが、いかに反目し合っているかを把握することができなくなる。先進工業国では、過去数十年間、国家行政の資金を手当てするため税負担が継続的に増大している。減税の試みは短期的には上手くいくが、たいていの場合、政府債務が増えてしまい、結果的に再び増税しなければならなくなる。

政治家や有権者がナショナリズムや社会主義のイデオロギーに囚われている限り、それも驚くべきことではない。民主主義国家におけるほとんどの政党が、右翼か左翼かに分かれている。中道政党はそれらの良いところどりをしようとしているだけだ。誰もが見落としがちなのであるが、ナショナリズムも社会主義も、実際にはもはや価値のないコインの裏表に過ぎず、グローバリゼーションの時代においては錆果てつつあるものだ。ナショナリズムや社会主義は、いわば政治的袋小路であり、右から左へ向かったと思えば、再び右へと向かうだけで、決して未来に向かって進むことはないのだ。ナショナリズムや社会主義は、人々を国民や階級に分断し、互いを争わせているに過ぎない。このグローバリゼーションの時代において、国家を将来へと導いていくことができないのであれば、国家など錆びつき、歴史のゴミ箱へと放り込まれるだけであろう。ナショナリストや社会主義者が忌み嫌うグローバリゼーションは、人々をかつてのような大家族へと再び導くものである。グローバリゼーションは、ナショナリズムや社会主義の存在意義すら消し去るものだ。

ナショナリズムや社会主義は、巨大な官僚集団や寡頭制を持つ国家を作り出してきたが、そのどちらもがグローバリゼーションの急速な進展で自らの存在意義に危機感を感じている。地域経済の統合が国民国家内で政治的抵抗をみたように、加速する世界経済のグローバリゼーションも激しい抵抗にあっている。グローバリゼーションは、地域経済の統合と同様に、やがては世界全体の発展に大きく寄与するものである。グローバリゼーションを非難する右翼ならびに左翼の人々は、歴史の車輪を逆回転させようとしているのだ。そうすることで、自らの国家や国民の存在を危機に晒していることも気づかずに、だ。

国内ならびに国家間の自由貿易は皆にとって利のあるものであることは、十八世紀の経済学徒ですら知っていたことだ。そこで疑問となるのは、なぜ人々はこの原理的事実に適応しようとしないのか、ということだ。自由貿易の利点が見出された結果生まれた自由主義、リベラリズムは十九世紀にもっと花開いても良かったのではなかろうか。

その理由のひとつは、供給路の安全性という問題であろう。国家間の交易は平和時にのみ円滑に行われる。平和時ですら、輸出制限や交易路の障害など供給路に悪影響を及ぼす事象はいくらでもある。さらに、貿易関税は、国家や寡頭制にとっては容易な資金調達源となるので、地元経済を海外との競争から守るための輸入制限とともに採用される。政治や経済に影響力を持つ集団は、大部分の国民の恐れや無知を利用して、国家や国民を犠牲にしてでも自らの利を図ろうとするものだ。

特定の産業を保護し、自由貿易を制限することで、本来であればなくなるべき職を保護することになる。仕事の喪失は、その職を失った者だけでなく、その者に頼っていた者たちにも害が及ぶ。しかし、国民に価値をもたらさない職は、経済全体にとっては重荷でしかないのだ。発展途上にある経済では、低賃金労働でも魅力はあり、地域に繁栄をもたらしている。これによってより高度に発展した経済からの輸入が増大し、安い労働力に職を奪われた国々に、より付加価値の高い新しい雇用を創出しているのである。

供給路の安全性も、雇用の確保も決して自由貿易に対する制限を正当化するものではない。生活必需品に限っても、大きな保管設備を利用すれば、消費者や納税者に直接または間接的な補助金を負担させなくとも供給を安定させることは可能だ。近年、経済制裁を受けた国は幾つかあるが、経済全体が制裁に適応するまでの間でも、国民への供給は安定していたのだ。国民の大多数が自由貿易を受け入れるには、失業者に対し職がみつかるまでの間、然るべき経済的補助を与えることのほうが重要である。この手の施策は諸刃の剣で、社会的視点に立てば必要な手当てであるが、職探しの役には立たない。長い目でみれば、グローバリゼーションから国民を守ろうとした国家よりも、その利益を国民にもたらそうとした国のほうが、国民の厚生を増大させているのだ。

自由主義派は、自由貿易を擁護する政治的戦いのなかでこの手の主張を繰り広げてきた。残念ながら、それはナショナリズムや社会主義、キリスト教を基礎とする大衆政党により、普通選挙の導入が遅れたように、知的エリートの政治運動としては小規模なものに過ぎなかった。十九世紀の欧州では、自由貿易を脅威と捉える保守主義者、農夫、そして職人たちが自由主義の政敵であった。欧州大陸では、広範囲の産業が、先行する英国産業界に対する保護関税を享受していた。国内経済だけでも自由化しようと、欧州の自由主義陣営はナショナリズム陣営と手を結んだ。自由主義派とナショナリストたちは、保守的な宗教界に相対したのである。十九世紀から二十世紀初頭にかけてカトリック教会は自由主義を主たる敵とみなしていた。教会と自由主義陣営とは、政治経済についても、他の道徳問題についても異なる見解を持っていたのだ。

十九世紀も二十世紀も、自由主義が人々の心を捉えることはできなかった。教会や宗教界にしても、国家の宗教的正当化が薄れてきたことで、政治的影響力を失っていった。そして、欧州ではナショナリズムと社会主義とが、政治力としての自由主義やキリスト教に取って代わったのである。その結果が二度にわたる世界大戦と二十世紀の強制収容所であり、何百万人もの人々が命を落とすこととなったのだ。

キリスト教も自由主義も根本的には多くの価値観を共有している。そのどちらもが、自由と責任感とを持った個人に重きを置き、ナショナリズムや社会主義のように国家に重きを置くことはない。自由主義では個人は自分自身に責任を持ち、キリスト教では神に対し責任を持つ。自由主義もキリスト教も、他の宗教と同じで、すべての人間が主題である。それがカトリックという言葉のもともとの意味である。自由主義もキリスト教も、国家が国民に資するべきであり、その逆ではないと考えている。二十一世紀も始まり、もはや自由主義だ、キリスト教だと言っている時代ではなかろう。特にカトリック教会は十九世紀の争いはやめて、三千年紀の人々の幸福のために協力すべきではないであろうか。共通の目標は、国家を人類に資するサービス企業へと作りかえることではなかろうか。

経済がグローバル化する時代において、ナショナリズムや社会主義といったイデオロギーがその論拠を失っているのであれば、国民国家を正当化するには何が残されているのであろうか。国家をサービス企業、つまり税金という価格に応じた適切なサービスを提供する組織とすることではなかろうか。

国民を国家の株主と、選挙を株主総会と捉え、そこでは経営陣を向こう四年間支持するかどうかを決するのだ。国税や補助金に関する国民投票は、配当政策、資本移動といった定款に従って株主が決定する企業の重要事項と似たようなものではなかろうか。

グローバリゼーション時代における現代的な民主主義国家を企業に例えると理解しやすいのはたしかだが、筆者にしてみるとその例えは正確ではない。企業では、株主は経営者の方針が気に入らなかったり、株主総会で意見が通らなかったりすれば、株式を売ってしまうという選択肢がある。売却資金を、売却した日に、別の企業の株式に充当することもできるし、他のことに使ってしまうこともできる。しかし、政府の方針にもはや我慢がならず、選挙でも意見が通らなかった国民は、あらゆる問題を受け入れてでも移民するしかない。もちろん、受け入れる国があれば、の話であるが。さらに移民先で選挙権を得るのは何年も先のことになるし、その間に新たな国で行われる政策は、元の国家よりも受け入れがたいものとなるかもしれないのだ。

株主が私的企業の言いなりである以上に、国民は国家というサービス企業の言いなりなのだ。企業を国家に例えるのであれば、ルールを決めるばかりでなく、審判も選手も務める私的独占企業が最も相応しい例であろう。間接民主制下で権力を分散したとしても、立法も、司法も行政も寡頭制が支配することにはかわりない。少数株主としての国民ができることと言えば、四年に一回の株主総会で幾つかのシンジケート、つまり政党から選択することだけである。シンジケートの者たちは、ゲームのルールをどうみせかけるか、誰が審判になるか、そして誰がプレーするかを自分たち同士で話し合うのだ。政治的寡頭制の恣意的な動きから国民を守るためには、将来の国家では、権力の分散や間接民主制だけでなく、安全対策も講じなければならないのだ。

選挙で選ばれたものであろうとなかろうと、多くの国家で君主と寡頭制とは共生関係にあり、政治力を獲得しようと思うなら、直接間接にかかわらず民主的正当化に頼らざるを得ない。大きな集団や大きな領土で、君主が寡頭制を必要とするのも理解できる。一人の君主があらゆることを決断し、それを実行し、そして首尾を確認することなどできはしない。すべてを法や規則に落とし込むことなどできないのだ。それゆえ、公式にも非公式にも、寡頭体制が必要なのである。人民から選ばれたものであれ、世襲のそれであれ、君主制が寡頭制なき国家で機能することなどあり得ないのだ。

これは、純粋な民主主義体制についても言えることだ。常に国民が一か所に集まり、すべての問題を議論し、決することなどできはしないのだ。一九六〇年代に幾つかの大学でみられた草の根民主主義の運動は極めて示唆的である。少数の学生指導者たちが、小さな集団の支援を受けながら物事を決めていき、他の者たちはその後についていくのだ。

君主制も民主主義も、法の支配に基づく国家においては寡頭制を必要とする。では、寡頭制は民主主義や君主制を必要とするであろうか。民主主義にかわる信頼に足る正当化の方法がある限り、民主主義など不要であることは歴史が繰り返し証明していることだ。また、君主制や民主主義なき寡頭制が上手くいかないことも歴史が証明している。寡頭制が支配する国家はやがて、最小公倍数を求めるような遅く、面倒な意思決定を行うようになる。そのような環境では、国家はあっという間に競争力を失ってしまう。その好例としてしばしば引き合いに出されるのが、一七九五年に消滅したポーランドであり、当時は貴族による寡頭制が敷かれていた。

多少なりとも独占状態にある国家であれば、寡頭制は第三者を犠牲にしてでも容易に妥協し、意思決定を下す。それゆえ、権力を持つ寡頭制は、君主を徐々に象徴的な立場へと追いやり、やがては君主制そのものを廃止しようとする。しかし、妥協の犠牲となるのは、君主だけでなく、国民も不利益を被るのだ。寡頭制やその支持者があらゆる点で有利となるよう可能な限り税負担を引き上げようとする。競争のある経済であれば、寡頭制の支配構造は、小さな銀行や監査法人、弁護士事務所などに限定されよう。経済のその他の分野では、純粋な寡頭制は上手くいかない場合が多いのだ。

間接民主主義のもと、民主的正当性を持った寡頭制が支配することは、民主的正当化を全く持たない寡頭制の支配よりも、大いに問題がある。ローマ帝国時代ですら、寡頭制は**Panem et Circenses**、パンとサーカスで人々の支持を取り付けようとしたのだ。最も長く、広範な間接民主制の歴史を持つ米国では、税金または税制優遇を通じて「票を買う」ことを、「ポーク（Pork）」と呼んでいる。そのような援助は高くつき、さらには政治家個人のポケットマネーではなく、納税者の資金で賄われるのだ。有権者はさまざまな利害を持ったさまざまな集団から採用される。選挙に勝つために、政治家や政党は一方で支持者を満足させ、一方で浮動票を獲得しようとし、さらには他の党の支持者すら取り込まなければならないのだ。この目標を達成するために、彼らは現実的には達成できもしない約束をする。さらには、有権者との約束を果たすために税率を上げることを回避し、債務負担を増大させ、ついには紙幣を刷り散らかす強い衝動に駆られることになる。国家は、有権者がその影響を実感し始める前に紙幣を刷り、債務を増やすことができるので、その類の政策を担当した政治家や政党関係者たちは、問題が起こるころには既に退任しているのではないであろうか。その問題は、他の政治家や政党、政府に引き継がれることになるが、彼らは不人気ながらも予算の抜本的見直しをせざるを得ず、また結果として訪れる経済的混乱やインフレーションの責めを負わされることになる。国家経済の複雑な内部構造、特に長期的なそれを理解できる有権者や政治家は限られるのであるから、彼らを責めることはできないのだ。問題は制度にあるのであり、政治家にあるのではない。

体制が多かれ少なかれ政治家をして共通の利益ではなく、特定の利害を追及させるのだ。そうしなければ、彼らは選挙での公約を破り、結果として有権者の信頼を失う危険を冒すこととなる。さらに、間接民主制下の政治家は次の選挙で自身や政党の運命が決まるので、共通の利益にかなう長期的政策を追求することが難しい。

まず、君主制、寡頭制そして民主制という三つの要素のうち寡頭制が最も強力なものであり、次に寡頭制による支配は遅かれ早かれ問題を引き起こし、寡頭制は君主制や民主制を犠牲にしてでも自らの権力を増大させようとする傾向がある、とするならば、三千年紀の国家は他の二つの要素、つまり君主制と民主制とを強化すべきだと言えるであろう。民主主義時代において、君主制は民主的正当化をもって強化するしかない。それは、共和政において選出される大統領などの積極的正当化を伴うか、リヒテンシュタインのような世襲君主で、国民はいつでも君主や君主制を廃止できるといった受動的な正当化を伴うものとなろう。

民主的正当性や憲法で明確に規定された権力を持つ世襲君主制は、選出されるためには多かれ少なかれ寡頭制の支持に頼らざるを得ない大統領に比べ、寡頭制に頼る度合いは低くなるであろう。さらに、世襲君主制は、頻繁に行われる選挙ゆえにあらゆる民主主義が陥りがちな近視眼的な目標ではなく、時には何世代にもわたる長期的政策を追求することができる。しかし、君主制の種類よりも重要な問題は、地域のコミュニティレベルでの強力な直接民主制や自治権である。強力な直接民主制と、地域における国家独占の終焉こそが、三千年紀の国家を国民に資するためのサービス企業へと作りかえることを可能とする。それこそが、君主や寡頭制が国民を抑えつけるために国家を悪用することを防ぐ唯一の道ではなかろうか。間接民主制が無知の民主制とするならば、直接民主制や地域レベルでの自治は学ある国民の民主制だと言える。

第十章

将来の国家

現代の国家は極めて複雑な構造となっており、互いに調和させなければならない多くの制度から構成されている。国家を巨大な民間航空機に例えることもできよう。民間航空機は乗客を乗せて空間を移動するが、国家は国民という名の乗客を乗せて時間を移動する。航空機の設計に問題があり、時に事故を起こしかねないのであれば、設計の問題点を正そうとするわけで、パイロットや乗客を責めはしないであろう。しかし、国家のこととなると、政治家やそれを選んだ国民を責めるばかりで、可能な限り安全で、たとえ事故が起こっても乗客の生存確率を上げるべく国家体制を構築しよう、という話にはならない。

では、三千年紀において人々のニーズを最善の方法で満たすような、将来の国家とはいかにあるべきか。人間性は、長い歴史や進化の過程を通じた遺伝や社会的行動によって形作られる。将来の国家体制を設計するためには、好むと好まざるとにかかわらず、過去の現実から始めなければならない。人類史上、悲惨な結果に終わったユートピア国家は数限りないが、それらは現実から乖離した人類の理想像から始めたものだから失敗するのだ。社会主義もそのユートピアのひとつであり、人々に多くの苦しみを与えたが、地獄への道は善意で敷き詰められているという格言を体現したと言える。

規模も小さく、人口も少ない国家や国家のような組織が、農業革命に始まり、産業革命を通じて、やがて巨大な人口を抱える大国となった。人類の長い歴史と比べると、これらの革命はほんの一瞬の出来事であり、それゆえ社会的にも、遺伝的にも十分な準備はできていなかった。大国においては、それが選出されたものであろうとなかろうと、君主や寡頭制は自分たちと子孫の特権的な地位を、宗教的正当化や、ナショナリズムや社会主義などのイデオロギーによる正当化をもって守ろうとしてきた。

全世界的な通信ネットワークと極めて効率的な輸送技術とを持つに至ったグローバル化した世界は、今や人類史上新しい段階に突入したと言える。各国は、全人類にとって重要な分野において全世界的に協力すべく、国際組織に加盟している。我々は、狩猟採集社会から農耕社会への変遷よりも変化の大きな時代に生きているのだ。農耕社会への変遷には数千年の時間が費やされた。農耕社会から、グローバル化した産業社会、サービス社会、そして宇宙時代への変化は百年単位ではなく、十年単位で起こっている。これは人類にとっても大きな挑戦であり、悲劇的な結末を避け、上手く取り組んでもらえることを願うばかりである。

二つの世界大戦と知識の著しい増大とにより、小さな集団ですら大量破壊兵器を製造することが可能となっていることを思えば、我々は将来について注意深く考えなければならない。過去五十年間で核兵器や生物化学兵器に関する知識が世界中に拡がり、これらの兵器の製造コストも低下している。核不拡散条約（NPT）では、新たな核保有国の登場を防ぐことはできない。信頼に足る情報筋によれば、イスラエルのような小国ですら何年も前から核兵器を保有しているという。貧困国のひとつである北朝鮮も核保有国となろうとしている。あと五十年か百年もすれば、今日では想像もつかないような大量破壊兵器が作られることもあり得るのだ。一九三〇年、当時の主たる物理学者には思いもつかなかった核爆弾が、たった十五年後には実戦に用いられたのだ。人類は、戦場で武器を手にすると、この問題を解決することなど次第に忘れてしまうようである。三千年紀において、過去二回の世界大戦が小競り合いに思えるような大惨事が起こるのを避けるべく、国際的な政策を誘導する時間は、ほんの数十年も残されていないであろう。

三千年紀に取り組むべきは、次に述べる条件を満たす国家体制を構築することであろう。

一、国家間の交戦ならびに内戦を防ぐ

二、特権階級だけでなく、全国民に等しく資する

三、国民に最大限の民主主義と法の支配とを提供する
四、グローバル化時代の競争に適応する

これらの目的を達成するためには、国家は国民に資する組織でなければならず、その逆ではない。国家は、平和的な競争に向き合うサービス企業でなければならず、高いばかりで質の悪いサービスを「顧客」に押し付け、それが嫌なら移住しろというような独占企業であってはならない。この文脈で、現代のいわゆる人民共和国では、移住が多かれ少なかれ禁止され、共和国から脱出することは長く獄中につながれる罪であるということを想起されたい。そのような共和国から脱出を図った人々の多くが殺される。これは北朝鮮の人民共和国では今日なお行われていることなのだ。自国を去ることが許されている国民であっても、大部分の者にとって移住は選択肢となり得ない。というのも、現在、移住受け入れの可能性が著しく低下しているのだ。さらに、多くの者にとって移住は魅力的な選択肢ではないのだ。移住を検討する以前に、国家による悪辣なサービスや物価高など多くの不利益を受け入れようとするであろう。もはや望みを失った人々が採る手段は移住ではなく、暴力やテロ、革命や内戦なのだ。

立憲民主国ですら、善かれ悪しかれ不利益を感じているマイノリティは存在する。北アイルランドやバスク地方、南チロル、ケベック州、オーストラリアや南北アメリカの原住民などを思い出されれば良いであろう。民主主義下で選挙に勝つために、政治家は多数派の要求に歩調を合わ

せていく。多数派の意見が不公平なものであることもあるし、彼らが常に正しいとは限らない。民族や宗教、言語や文化または政治主張を基軸とする比較的均質的な多数派は、環境次第では国土の「民族浄化」という挙に出、マイノリティを長きにわたって、経済面、文化面、宗教面または政治面で不利に追い込み、やがては国家から追い出すか、強制的に同化させようとする。法の支配に基づく民主主義国家であった十九世紀アメリカでも、原住民たちは女子供に至るまで虐殺の対象となったのだ。

平和と法の支配、民主主義と国民の厚生とを確保する国家体制では、その国土に対する独占すら放棄しなければならない。国民が領土とともに「移住」することが、不利益を被っている国民にとっては唯一の選択肢となることもあり得るのだ。領土の独占を放棄できる国家においては、国家は小さな単位に分割されなければならず、そうすれば、国民の一部であっても「移住」が可能となる。その単位が小さくなればなるほど、不利益を被った人々が安易に「移住」を決断する可能性が小さくなる。単位が小さ過ぎると、法の支配が徹底された、優れた環境を提供し得る民主主義国家を作り出すことが難しくなる。古い国家がある程度上手くいっているならば、それより優れた国家を作り出すことはなおさらのことだ。かかわらず、機能不全を起こしている国家での政治改革の圧力は著しく増大しており、それがなされなければ、国家はやがて分裂するであろう。

政治単位が、県や連邦州、カントンと呼ばれるほど大きくなると、自治権を主張して国家から分裂する危険性はより高くなる。また新たな国家の内部にも、差別を受けるマイノリティが誕生するであろうし、彼らがやがて暴力的手段を通じて自分たちを守ろうとする危険性も高まる。ユーゴスラビア、ソ連、植民地帝国やオーストリア・ハンガリー帝国の分裂をみれば、それも明らかであろう。一方で、自治を認められる政治単位が小さくなればなるほど、国家が分裂したり、その中で差別を受けるマイノリティが登場したりする危険性も小さくなるであろう。

多くの国家において多かれ少なかれ政治的、領土的に規定されている最小の政治単位となると、村や市と呼ばれる地域のコミュニティがある。ベルリン市のように分断された地域コミュニティも過去にはあるが、その分割が有意義なものであったかどうかは甚だ疑わしい。むしろ、地域コミュニティはこれ以上の領土的分割をすべきでない政治単位として取り扱うべきであろう。数百人の住人と数平方キロメートルの土地からなるコミュニティもあれば、数百万人の住人と数千平方キロメートルの土地からなるそれもあり得る。地域コミュニティにおいても、多数派が既存の国家から離脱を決すれば、不利益を被るマイノリティが誕生してしまう。しかし、そのようなマイノリティはコミュニティに順応し得るし、また隣接するコミュニティへ移ることも容易である。小さなコミュニティでは、既存の国家から離脱することが正しい選択であると、住民の大部分が考える可能性は極めて低いものだ。

成功を収める小国である我がリヒテンシュタイン侯国は、およそ三万五千の人口と十一のコミュニティを持ち、歴史的にも地理的にも、極めて好ましい条件にある。リヒテンシュタインにも国家主権とそれに付随する自治権との理を疑う向きも過去にはあったことは事実だ。しかし、リヒテンシュタイン国民の大部分が国家主権を維持することを支持してきたし、それはドイツ第三帝国が国境まで押し寄せた一九三八年や一九四五年という重大な局面においても変わらなかった。リヒテンシュタイン侯国の主権が何世紀にもわたって守られたのだ。二つの隣国との緊密かつ友好な関係と、侯爵家の財政的支援があったがゆえであることは歴史をみれば明らかだ。中世には、独立した政治単位が隣接していたが、そのどちらもがスイスとオーストリアとに併合されていった。

地域コミュニティレベルでの自治権、つまり主権は、三千年紀の新たな国家体制において最も特異かつ物議を醸す問題であろう。既存の国家で特権的な地位にある今日の寡頭制の大部分が、この問題に猛烈な勢いで噛みついてくるであろう。次の選挙を見越した寡頭制のなかには、新たな国家にチャンスがあることを見出し、勝ち馬に乗ろうとする者もいるかもしれない。グローバル化時代において、政治的に分散され、高い競争力を持つ国家というのは彼らにとっても興味のあるところなのだ。古い国家が、国民の目にも競争力を失い、平和的に分割されたとしても、早い段階でそのプロセスに絡んでおけば、古い寡頭制にとっても、良いスタートが切れようというものだ。

この世界の国家が、将来の顧客に資する平和的な競争を繰り広げるサービス企業となっている遠い将来をのぞいてみよう。顧客こそが王であり、今日、マクドナルドやバーガーキングでハンバーガーを買うか、自分で調理するかを選択し、どの航空会社を使うかを選択し、また旅行は車にするか電車にするか選択しているように、あらゆる選択ができるようになった国家だ。ここで疑問が出てこよう。つまり、三千年紀において、国家に託したほうが民間企業やコミュニティ自身が取り組むよりも良い問題、役割とは何であろうか。

一　立憲国家

外交の分野以外で、国家が民間企業や地域コミュニティまたはコミュニティの連合体よりも競争力を保持し得るのは法の支配だけだ、というのが筆者の見解である。大多数の国民にとって最も重要な国家の役割は法による保護、法と秩序をもたらすことである。そのためであれば、国民も財政的に高い対価を支払う事も喜んで受け入れるであろうし、ある程度の自由や政治的権限を放棄することもしよう。無政府状態が頭をもたげ始めると、絶大な権力を持つ者の登場が求められるようになり、やがて強権的な支配が行われるようになる。民主主義と法の支配とを求める者であれば、他の何を差し置いても、法と秩序の維持とが国家による最も重要な責務であることが理解できよう。

立憲国家を建設し、法の支配を維持することは、人、物、そして情報の移動が極めて容易となったグローバル化した世界においては永続的な課題である。高度に発展した民主主義の下、法や規則が過去五十年にわたって爆発的に増大したことをみると、やがては法と規則とが図書館をいっぱいにしてしまうのではないかとも思えるほどだ。しかし、国民はこれらすべての法と規則とを知っていることが前提とされてしまうため、意に反してそれらのひとつを破れば、罰され得るのだ。法律を知らなかった、というのは何の抗弁にもならない。もうひとつの問題は、これらの法や規則が互いに矛盾することがある、ということだ。人や企業がひとつの法律を順守しようとすると、別の法律に違反してしまう可能性があるということだ。裁判官や弁護士、行政府ですら全体像が分からなくなるのだから、立法府については言うまでもなかろう。さらに、法や規則は頻繁に改変され、専門用語で表記されるため、普通の国民には理解不能なのだ。さらに悪いことに、高度に発展した立憲民主主義国においてさえ、法の執行、公訴、公判を行うに適した人材が危険なまでに不足しているのだ。ホワイトカラーによる国際的な犯罪に迅速かつ効果的に対応できない一因はここにある。結果として、法的手続きが何年もかかってしまうことになるのだ。

結局、多くの立憲民主主義国家では法や規制の増大が、国民に対する法的保護の低下につながっているのだ。国家がちょっとした犯罪やより深刻なそれから市民を守ることがさらに難しくなってきている。結果として、立憲民主主義国はやがてうわべばかりのものとなり、崩壊するであろう。むしろ、法の支配が多くの国々で今も機能していることのほうが奇跡である。民間分野であればもっとたくさんのお金を稼ぐことができたであろう理想に燃えた個人が、法の支配や公訴公判に従事してくれていることを喜ぶべきである。

最も洗練された社会体制や文化政策を構築してきた立憲民主主義国家において、立憲国の支柱たる法の支配が崩れ、国民に十分な法的保護を提供できなくなったとしたら、国家はいったい何の役に立つのであろうか。それゆえ、国家は地域コミュニティや民間企業が得意とする仕事はすべて譲ることが極めて重要なのだ。彼らのほうが、人々やその問題の傍に居り、国家とは違い、自由市場での競争に生き残ってきているのである。

いかなる分野でも市場は誤りを犯す、と政治家や官僚は言いたがるであろう。市場の失敗に対する批判が、退職給付金から環境保護に至る一連の法や規則を生み出す理由とされている。彼らが批判する市場の誤りをもう少し詳細に調査すると、それは国家の誤りに過ぎない場合がしばしばある。市場は、所有権が前提となる。国家が法や規則を通じてそのような所有権を保護することができなければ、市場は存在し得ない。所有権とは通常、国法で規定されるものである。

ここで再び、人類史に目を向けてみよう。例えば石器時代の狩猟採集民は売買できる土地を所有していたわけではなく、ただ猟場を持ち、そこを部族で利用したり、守ったりしていただけである。全員が利用する共有の財産が枯渇し、貴重なものとなれば、国家や部族が問題に介入し、規則を設けたのである。農耕社会や農業国家では、個人が利用し、売買できる財産として土地を所有することができた。土地、鉱業権、または狩猟権、漁業権といった所有権が規定されたのだ。

使用権や所有権がどのようにして発生するかを考えるに、現代社会における深海での漁が好例となろう。公海では有り余る魚がいる限り、誰もが魚を捕まえることができた。しかし、過去数十年間で魚が減少し始めると、各国は自国の海岸に沿って領海を拡張し、漁を制限し始める。深海における漁の難しいところは、所有権や効率的市場を生み出し得るよう、いかにして魚種資源の開発を規制するか、ということだ。

かつては何の制限もなかった深海漁業のような公共財を単純に法や規則で縛れば、個人の自由は制限されてしまう。そのような法制度では、国家はそれが順守されているか継続的に確認しなければならない。それには多大な費用がかかるし、納税者の資金が充当されることになる。さらに、この手の制度は汚職や乱用を招きがちである。売買可能な所有権を基礎とする市場は、個人に富を生み出し、また多かれ少なかれ自己調整機能を持つ。国家は市場を観察さえしていれば良く、必要とあらば、わずかな法改正をするだけのことで、納税者の負担も少なくて済む。市場を通じた資源の配分は、人間関係が経済競争力よりも重要な、巨大で、のろまで、汚職にまみれた国家官僚によるそれよりも、はるかに公平かつ効率的である。喜ばしいことに、多くの国々において、環境に関する分野でさえ市場型の体制に向けてゆっくりながらも舵が切られている。

三千年紀の立憲民主主義国家を設計するためには、法や規則を生み出す権力構造から取り組まなければならない。それには、議会、行政、政府そして直接民主主義下の国民などが含まれる。この点について、立法手続きに精通した人物の言葉を思い出す。曰く「法律を生み出す行為は、ソーセージを作るのに似ている。近くで見てはいけない。どう見ても美味そうではないからだ。プロセスそのものではなく、むしろその結果に目を向けるべきである」と。国家元首として、国内ならびに国際的にこのプロセスを間近に目にしてきた筆者は一言付け加えたい。残念ながら、出来上がった「ソーセージ」も食欲をそそらない場合が多い、と。

英国やニュージーランドを除き、すべての立憲民主国が立法の基礎に明文化された憲法を持っている。この憲法に、国家の構造や国民の基本的権利が記されている。国家の責務を法の支配と外交とに限定するとしたら、簡潔明瞭な憲法ができるはずである。そうなれば、国民にとっても理解しやすく、また利用しやすいものとなる。しかし、筆者が知る限り、たいていの憲法が冗長で、理解しにくいものだ。国会議員のような、立法に責任を持つ者にも、自国の憲法を知らない者がいる。

立法者は、憲法だけでなく一般の国民が順守しなければならない法や規則についても、簡潔かつ正確なものとすべく努力すべきであろう。国民に憲法や法律を知ってほしいと思うのであれば、国は効力を持つ憲法と法律とを国民に知らせる義務がある。これに関しても、国は国民に資するサービス企業たるべきであり、その逆ではないということを強調したい。学校に通う子供たちは、たくさんの科目を学ばなければならないが、それが実際に役に立つのかどうかは疑わしい。学校で法律を教えることも国の責務ではなかろうか。国は憲法や最も重要な法律を含んだ法の概要書のようなものを国民に配るべきではなかろうか。そうすれば、国民は立憲国の進む道を見出せるし、自分たちの権利と義務とを知ることができる。

国民が日常生活を送るには知る必要もないが、消費者や環境を有害な製品から守るには不可欠な法や規則がたくさんあることも事実だ。それらの規則は、産業、農業またはサービス業を対象としたものである。しかし、小規模企業にとってみれば、負担でしかない規則もたくさんある。と同時に、そのような小規模企業こそが国家経済にとっては雇用面や技術革新の面で重要でもあるのだ。高い税率に加え、複雑な税制や社会的法律、頻繁に改正される規則などが、小規模企業が設立されにくく、またすぐに倒産してしまう要因のひとつである。企業は、国またはコミュニティの諸機関に、直接および間接税、社会保障などを支払っているのだから、諸機関はこれらの問題につき企業に無料でアドバイスを提供すべきなのだ。相反する規則があるのであれば、納税者や企業にとって有益な規則を適用すべきである。そうしてはじめて、国や地域のコミュニティは国民に資することができ、また強奪しなくて済むのである。国が制定した税法が不明瞭、または相矛盾しているとしたら、その責めは納税者でなく、国が負うべきである。

法と規則が著しく増大しているのは国家レベルだけでなく、国家間の二国間協定、ＥＵのような地域連合や国連などの国際機関への加盟などによっても、多くの規則が生み出されている。理論的には、国家がこの大きな法律分野をカバーし、どの国際規制を、どのように自国に適用するかを決定するべきである。しかし、この法律分野を取り扱う者であれば誰でも分かることだが、国会にはその務めを果たすだけの能力はなく、国際法は既存の法律と矛盾を抱えたままで施行されるのだ。

民主的なものであろうとなかろうと、立憲国がこれらの問題を処理することができないのであれば、やがては今日のような国家体制は消え去ることであろう。筆者は過去数十年にわたり、この好ましからざる展開を目にしてきた。若かりしころ、筆者はワシントンＤＣで、ロードアイランド州選出の上院議員クライボーン・ペルの事務所で働く機会を得た。米国の上院議員はフルタイムの仕事であり、上院議員は誰もが有能なスタッフを抱えていたにもかかわらず、上院議員が法律や条約、規則など上院での決定事項すべてを把握することは難しかった。一九六〇年代でそうだったのであるから、今日、フルタイムではなかったり、優秀なスタッフを抱えられずにいる者などにとってはなおさらであろう。立法行為について言えば、現実は憲法の文言からはかけ離れたものとなっていた。これでは立憲国家それ自体の信用が失われようというものだ。

立法過程という、立憲国において不可欠なプロセスを民主憲法の原理原則に立ち戻らせるためには、どのような改革が必要であろうか。それには、国家が最も重要な役割、つまり法の支配の維持に集中し、過去二百年間にわたりナショナリズムや社会主義のイデオロギーの名の下、担ってきたその他の役割を少しずつ手放していくことが肝要である。それらすべての役割を民間企業や地域コミュニティに移管していくことで、法規制の数を削減することが可能となり、より全体的な運営に集中することができるであろう。社会保障や福祉などは国よりも地域のコミュニティのほうが身近であるし、それらの問題も早期に認識され、無数の規則や巨大な官僚機構に妨げられることなく解決することが可能となろう。国家レベルでの法や規則は、ほとんどのコミュニティには関係のない特殊な事例もすべて網羅しなければならないため、往々にして複雑かつ大がかりなものとなる。それが身近なものとなれば、官僚主義に陥ることなく早期に解決され、他のコミュニティにとっておかしな前例となることもないであろう。

憲法のなかで国家を厳しく制約すれば、政党や政治家が選挙前にあらゆる公約をもって「票を買う」ことがより難しく、場合によっては不可能となる。それによって生み出される多くの新法をさておくとしても、公約それ自体がコストの高いものとなる。古い産業の御託のために巨額の資金が充てられるが、それ以上の資金が新たな産業の創生に充当されるであろう。貧しき納税者からこの巨額の資金を徴収し、多くの特権的地位にある人々に分配するのが官僚的プロセスであり、またそれ自体が資金の一部を費消してもいるのだ。起業家でさえ、自ら身を置く業界において投資が上手くいくかどうか判断するのは難しい。政治家や官僚は起業家ではなく、ましてや納税者の巨額の資金を受け取っている企業が生き残るかどうか判断することなどできない。結果として、巨額の税金のほとんどが失われてしまうのだ。このプロセスは好調な企業や勤勉な人々によって生み出された資金から始まるわけで、全体としては資金を破壊するものであり、国家経済の好調な部分を損なうものである。国家経済の健全な部分が損なわれ、投資も減少するわけで、好調な企業や優秀な人々ほど国家を離れていってしまう。最後は、政治家と官僚、失業者だけが取り残され、国家は壊滅するのだ。

憲法によって、議会の役割を外交政策と法の支配の維持とに限定すれば、少なくとも問題の一部は解決できる。小国においてさえ、国会議員は常勤とし、優秀なスタッフをあてがわれるべきだということはできる。その議会費用は、悪法がもたらす費用や国家全体の費用に比べれば小さなものである。重要なことは、国会議員は自身のスタッフを選ぶことができることにあり、彼らは失職の恐れがない公務員ではなく、単に議員に配属されるだけだということだ。

もうひとつの重要な基準は、国会議員の定数を可能な限り少数に抑えることである。国会議員は国民の多様性を反映させたものであり、それゆえ国民も代表するものであると考えるのは、最初から幻想に過ぎないということだ。議会議員は政党を代表しているのであり、たとえ必ずしも彼らが党の路線に沿って投票しないとしても、それが国民の多様性を代表しているわけではないのだ。国会が巨大化すれば、会期は長くなっても、残念ながらその質は向上しない。大きな議会では、議員が互いを良く知らないということになり、協力するのも難しくなるので、その分不利だと言える。議会が大きくなればなるほど、その主要な役割である立法が、政府や政党、国家公務員やその他の団体に乗っ取られる危険性が高まるのである。

議会の最適規模というのは難しい問題ではある。それは状況によって異なるであろう。迷うのであれば、少数のほうが良いであろう。リヒテンシュタインの国会は長い間十五名という少数の議員から構成され、全員が非常勤である。他国の大きな国会と比較すると、リヒテンシュタインの小さな国会は非常に良い仕事をしていると言える。外交政策にかかる国会議員の仕事と、加盟している国際組織が増加しているので、一九八八年に国民投票によってリヒテンシュタイン国会の定数を十五から二十五に増員したが、投票の結果は僅差であった。リヒテンシュタインの国会議員は、定数の増大を歓迎したが、それによって外交政策にかかる政務をこなしやすくなった一方で、通常の議事がより複雑になってしまった。

議会の大きさや議員以上に重要なのが、直接民主制を通じて国民を立法のプロセスに取り込んでいくことである。第八章で述べたように、リヒテンシュタインの直接民主制はスイスのそれよりも優れているように思える。直接民主制を強化することへの対応として、国家元首には国民投票の結果に対する拒否権が与えられている。現リヒテンシュタイン侯爵が拒否権を持っているのであれば、共和国の大統領がそれを保持しても良いであろう。そのどちらも、国民による誤った判断を抑えるべく拒否権を発動するには、国民からの信頼を勝ち得ていなければならない。違いがあるとすれば、生まれによってその地位を得た君主は、再選を望む君主よりも、独立している、ということであろう。

憲法によって国家の役割を法の支配の維持と外交政策とに限定し、地域のコミュニティが離脱する権利も含めた高度な自治をもたらすとしたら、国会が二院制を取る必要があるのかと問う向きもあるであろう。二院制はより費用がかかり、意思決定プロセスもより複雑になる。二院制を持つほとんどの国において、議院のひとつは歴史的発展の末にあるもので、その意義は失われつつある。下院は、国民の規模にかかわらず連邦州やカントン、県などを代表している。地域のコミュニティが連邦州やカントン、県が現在持つものよりも強い自治権を持つのであれば、下院は必要なくなる。自治権を増大させていくなかでも、コミュニティはその伝統的な地域の中で自由に協力することができる。それゆえ、ドイツのバイエルン州やスイスのカントンのような歴史的に発展した地域は今後も存続し続け、国家が主導的な役割を持たない多くの分野で協力していくものと考えられよう。

国民に資するサービス企業たらんとする国家では、警察組織など、法の執行についても改善が期待できる。前述のとおり、複雑かつ相矛盾する法や規則は、警察にとっても問題なのだ。それらの法律について、国民は議員よりも警察を非難するので、不人気な法律を執行しにくいのだ。この欠点も直接民主制であれば補うことができる。国民が十分に理解した上で支持しない法案は、国民投票で否決されるのだ。

多くの国家において、警察は財源ならびに人材の不足のみならず、政治家からの援助がないことに不平を漏らしている。しかし、外交と法の支配とだけに焦点を当てる国家であれば問題となることはない。この二つの分野で実績を上げられない政治家や政党は、それを償うべき分野がないのであるから、選挙に負けるリスクがあるのだ。有権者にしてみれば、判断が容易となり、全体の制度自体も透明なものとなる。

グローバル化した世界において財、サービスならびに観光にとっても有益なことは、高い機動力を持ち、国際的に連携し得る犯罪者たちにとっても有益なのだ。国際的な犯罪に効果的に立ち向かうためには、さまざまな分野で国際的な協調が必要となる。国家は、数か国語を操り、異なる文化に精通した極めて優秀な役人を必要とする。特にホワイトカラーによる犯罪は、複数の国家の、複数の企業を通じて、国際的に展開される。経済犯罪に取り組む警官はまた、国際経済への深い造詣が求められるのだ。それには高い費用がかかるが、その費用を削減するのは誤りだ。国際的なホワイトカラー犯罪による損失は、それを取り締まる費用より大きいのだ。

これに関連する問題として記しておかねばならないのが、薬物の問題である。過去五十年間にわたって国際的な犯罪の急速な拡大を財政的に支えてきたのが、この薬物である。国際機関の推計によると、不法薬物の生産、取引、販売によって毎年数百億ドルが生み出されているという。国際的な麻薬カルテルが手にする利益は、各国がその問題への対応に充てている資金の合計額よりも大きいのだ。間接的な費用もまた巨額に上る。薬物の使用によって直接、間接的に引き起こされる健康問題だ。薬物の中毒患者は、たいていの場合働くことができず、彼らの治療や生活にかかる費用は税金で賄われることが多い。特に、エイズや黄疸、その他の病に冒されていればなおさらだ。立憲国家や警察にとって特に重大なのが、薬物関連の犯罪は、使用する薬物の資金を賄うために行われることが多いということだ。過去数十年にわたり多くの工業国で犯罪が増大した要因に薬物の問題が挙げられようが、しばらくはこの問題を解決する道はみえていない。

薬物問題に取り組むに当たり、国家には基本的に三つの選択肢がある。

一、現在の厳格に禁止する政策を継続する

この政策は明らかに失敗であるだけでなく、麻薬カルテルが国際的な流通網を構築することを許してもいる。彼らの流通網は、通常の合法的な事業の何倍にもなる大きな利幅にも助けられ、コカ・コーラのそれよりも優れたものとなっている。麻薬カルテルの流通網は、薬物に対する国際的な政策にもかかわらず、というよりもその政策ゆえに、小さな村々にまで張り巡らされている。第一次大戦後、米国で施行された厳格な禁酒法は数年後には惨めなまでに失敗に終わった。それにもかかわらず、禁止という誤った政策が今もってその他の薬物にも適用されているのだ。

二、違法薬物を合法化する、またはあらゆる規制を撤廃する

この選択肢が、今日政治的に実行可能か、または望ましいかは疑わしいものがある。多くの科学的研究が、違法薬物が大多数の人々に与える障害はアルコールよりも大きなものであることを示している。

三、市場原理を尊重し、薬物中毒者の治療をしながら、違法薬物と戦う

この戦略が成功するかどうかは、国家が、主に途上国の貧しい農民からなる薬物生産者たちに、違法薬物の原料に対して麻薬カルテルよりも高い対価を支払うことができるかどうかにかかっている。それができれば、麻薬中毒者は、麻薬カルテルから購入するよりも、大幅に安い価格で薬

物を入手することができるようになる。カルテルの活動は非合法なので、生産、輸送、流通にかかる彼らの費用は、合法的かつ効率的な組織のそれよりも大きなものである。違法薬物ビジネスとの戦いは、カルテルが採算性を失うまで続けられなければならない。麻薬中毒者は、薬物使用の危険性を伝え、然るべき治療法についてアドバイスができる人間が監視する場所においてのみ、薬物を摂取することが許される、とするのだ。この方法にかかる費用は、現在の厳格に禁止する政策によって発生している費用よりもかなり少ないものとなるであろう。麻薬中毒者に対する販売価格に利益を乗せれば、費用の一部を賄うことだって可能であろう。違法薬物を使用する者は、自分たちが中毒になった場合にかかる費用を税金によって賄ってもらうことができなくなるのだ。この戦略によって、薬物関連の犯罪は多かれ少なかれ減少し、都市はより平和となり、警察も他の職務に集中することができるようになる。特に米国でよくみかけるが、市場経済の利点を全世界に説いてまわっている政治家たちは、やがて市場経済の原則は違法薬物に対する政策においても無視し得ないことに気がつくであろう。

国家が薬物中毒を根絶することなど出来はしない。しかし、市場経済の原則を無視した規制によって中毒を煽ることは国や権力者が行う事ではないことは言うまでもない。厳格に禁止するという現在の方策が、先進工業国における法の支配だけでなく、途上国における法の支配も著しく弱体化させているのだ。違法薬物の生産、取引、流通によって毎年生み出される何十億ドルもの利益が、組織犯罪だけでなく、テロ組織や第三世界各国のゲリラ部隊の財源となっているのだ。高い理想と良識とが薬物に対する現在の方策を導き出したのではあるが、その結果をみれば、それは誤った方向に進んでいるという印象を受けるであろう。馬鹿さ加減に対するノーベル賞というものが存在するとしたら、この薬物対策の考案者は有力候補と考えられるであろう。

地域コミュニティに多くの職務を移管する国家では、地域の要請に基づいた規則を発し、また、それらの規則を監視することができる権限も地域コミュニティに付与しなければならない。交通、環境、都市計画、社会保障、建築規制やその他多くの分野における規則は、大きな法的枠組みのなかで地域のコミュニティが策定できるようにする。おそらく、コミュニティや地域の団体が策定した法や規則を、そのコミュニティや自治体に直属し、雇われている役人や警察が監視するほうが上手くいくであろう。国家権力の監視のもと、民間企業にそれらの役割を委託している国もあるように、民間企業に委託すれば有益でもあろう。

国家が国民に資するサービス企業であるとするならば、公務員は、国民ならびに地域コミュニティという顧客に対し、優良なサービス企業の従業員のように振る舞うべきである。国内政策の主たる役割が法の支配である国家では、警察官は国民にとって最も重要な国家の代表者となる。この点については、多くの民主主義国で大きな進展がみられる。「警察は貴方の友人であり、保護者であり、助力者であります（the police your friend, protector and helper）」というスローガンは広く用いられている。さまざまな職務のなかで、警察官は学校の子供たちに交通の規則を教えたり、家の持ち主に泥棒対策のアドバイスをしたりしている。サービスを提供する国家をレストランなどの事業に例えるならば、警察官はウェイターであり、キッチンの管理者なのだ。サービスが親切かつ効率的で、食事も美味しく、価格も安いのであれば、顧客は喜び、また通ってくれることであろう。

法の支配を基礎とする国家には、立法府と警察だけでなく、独立した司法制度が不可欠である。将来の国家における裁判制度は、現代の立憲国で徹底的に検証されたモデルを拠り所とすることができる。

一、三審制からなる「普通裁判所」

二、ある法律や規則、国家や地域コミュニティによる決定が合憲かどうかを判断する「憲法裁判所」

三、国や地域コミュニティの行政機関の決定により影響を受けた個人や企業が申し立てることができる「行政裁判所」

一九二一年の憲法制定によって、リヒテンシュタイン侯国は、この総合的な裁判制度の考えを実行した世界で最初の立憲国家のひとつとなった。リヒテンシュタインは、オーストリア共和国で導入、発展したモデルにつぶさに従うことができた。オーストリアにおける法律の進展は今もってリヒテンシュタイン侯国に多大な影響を与えている。二〇〇三年の憲法改正は、リヒテンシュタイン侯国における過去八十年の経験のみならず、オーストリアや他の国々のそれをも考慮に入れたものであった。三千年紀における未来国家は、リヒテンシュタイン侯国よりも大きなものであったとしても、裁判制度については同じ考えと組織とを採用することができるであろう。

効率的な裁判制度とはいかなるものか、ということよりも、政党や他の圧力団体からの個々の裁判官の独立を確保することのほうが、多くの国においては重要な問題であろう。判決に対して政治家が直接的に介入するのはめったにないことであるし、証明することも難しい。しかし、多くの判決は、政治家の満足を忖度しただけとも言えるような代物である。これも政党や特定の利益団体が裁判官の任命に大きな影響力を持ち得る理由のひとつである。

国益にかかわる政治的に繊細な判決をみると、立憲民主主義国家においてさえ、法の文言や意味と矛盾する判決が平然と下されていることに気づくであろう。それらの判決は、専門家でなければ、明確に法律と矛盾しているとは認識できないよう書かれている。裁判所が、国益という名のもとに特定の利害を守るべく法律に反した判決を意図的に下していることを一般に理解させることなど不可能であろう。そのような振る舞いは、専門家ならずとも、遅かれ早かれ立憲国家の信用と法の支配とに疑念をもたらすようになるであろう。

政党の権力者が、国会から裁判所の管理部門に至るまで、国家の主要な地位を占有していることが主たる問題だ。さらに、国家がかつてよりも多くの役割を担い、経済の支配者となるにつけ、個々人の自由がみせかけだけのものとなりつつある。第八章で記したとおり、国家の役割を外交と法の支配の維持とに限定することで、裁判官の任命という問題に対してリヒテンシュタインがとった対応策はこの危険性を回避するひとつの方法である。

裁判官の免職は、その任命とともに難しい問題である。どれほど入念に選んだとしても、その裁判官が職務を果たすことができなくなることはある。人間など時間とともに変わるのだ。知的、身体的な衰えから、裁判官という地位には相応しくない人間性が頭をもたげてくることもあろう。

立憲民主国においてさえ、政治的な理由からその任に相応しくない人物が裁判官に任命されることがある。リヒテンシュタインでも同様の事例を筆者は目撃している。裁判官は判決を下すことができなくなり、彼のデスクには何年間も未決のファイルが積み上がっていた。当初国民は政治家に抗議したが、上手くはいかなかった。というのも、当の裁判官はその時の与党と政治的に極めて近しい関係にあったからだ。結局、国民は国家元首たる筆者のもとへと駆け込んできた。何年もの努力の後、当人が法の執行にかかる国際協力の分野でさらなる問題を起こしたことも手伝い、あらゆる権限を結集して彼を早期退職へと導くことが可能となった。リヒテンシュタインのような小国では、このような問題は大国よりも早期に発見され得るし、政治的意思があれば、早期に解決することも可能である。とはいえ、小国でもこのような問題を早期に発見できるよう管理する必要がある。無能な裁判官を排除するためには、当事者のプライバシーを保護しながらも、透明かつ総合的な手続きが必要である。法の執行にかかる国際協力に取り組む者であれば誰もが知っていることだが、欧州の立憲民主国の間でさえ、法制度の効率性には大きな違いがあるのだ。

多くの立憲国が抱えるもうひとつの問題は、裁判官が不足しており、裁判に何年もかかる場合が多いということだ。優秀な法の執行人、検察官、裁判所の職員が不足すると、国民に対して事実上国が法律を否定していることになる。近年ベルギーでみられたように、連続殺人犯が逃亡している明白な疑いがあるにもかかわらず、捜査が行われない、ということもあるのだ。

欧州評議会は、欧州の立憲民主国の原理原則を守ろうとしているが、それだけでは十分でないこともあろう。欧州評議会は、人権や立憲民主国の原則について欧州の内外でおせっかいな忠告をすることがお好きなようだ。その欧州評議会には、欧州人権裁判所なる組織が付属しているが、二〇〇六年に欧州評議会が公表したレポートによると、深刻な人権侵害も含めた九万件もの事案が審議されずにあるとのことだ。そのようなことは心配に当たらないとばかりに、明らかにオーバーワークの感がある欧州司法裁判所は、時間をみつけては自分たちの権限に属さないながらも、有力政治家にとっては重要な問題に大々的に取り組んでいるのだ。欧州評議会が立憲民主国という自分たちの原理原則を蔑ろにして、リヒテンシュタイン侯国にも影響を与えた事例を筆者はたくさんみてきた。ドイツ語圏では、憲法ならびに欧州法の権威の一人であるオーストリアのギュンター・ウィンクラー教授が、それらの問題のひとつを精査した書物を著している（The Council of Europe: Monitoring Procedures and the Constitutional Autonomy of the Member States, Springer, Vienna and New York, 2005)。

拡大するＥＵや、欧州安全保障協力機構（ＯＳＣＥ）、国連の間にあって、欧州評議会は加盟国にとってはその重要性が失われつつある。欧州評議会には原則として次の三つの選択肢があろう。ひとつは、立憲民主国という基本原理を守りながら、信頼性を回復すべく根本的な改革を行う。二つ目は、欧州評議会は立憲民主国の原則を守るとしながらも、自身の原則や法の手順を無視しており、百害あって一利なし、という状態なのであるから、解体する。最後は、現状維持、だ。しかし、現実的に考えれば、根本的な改革も欧州評議会の解体もあり得ないであろう。これまで同様、欧州の納税者の資金を使って、政治家、公務員そして専門家なる人々に職と収入とを提供する組織として、加盟国に貢献し続けるのであろう。

欧州の国々は、米国とならんで、十九世紀から二十世紀にかけて立憲民主主義国家を発展させたパイオニアであった。しかし、今日、立憲国の崩壊を大西洋の両岸にみることができる。欧米の立憲国が崩壊したら、いまだ確たる体制ができていない世界の他の地域はどうなるのであろうか。立憲民主国の中心地に住む政治家や国民は、世界に対するその責任を認識しなければならない。過去数百年にわたり、国家が背負い込んできた不要な役割や負担を取り除かなければならない。そのことで国家は法の支配の維持と外交という二つの主たる役割に集中できなくなっているのであるから。立憲民主国では、国家の役割をこの主たる二つに限定すべきかどうか、国民が決するべきである。国民の資金を使って、票を「買おう」とする政治家や政党は否認されるべきである。彼らの腐敗を国民が許すのであれば、政党や政治家がそうなるのも当然なのだ。

三千年紀の国家には、立法府、警察、法律が順守されているかどうかを監視する機関、法律違反があったかどうかを判断する裁判所と合わせ、いわゆる政府ならびに行政機関が必要である。国家の責務を大幅に削減すれば、政府も小さくできるであろう。首相と呼ばれる政府の長は、閣議を主導し、その指針を示すのだ。首相は、政府と国民、国家、そして国家元首との関係に責任を持つ。外務大臣は、外交関係ならびに海外との渉外事項に責任を持つ。内務大臣は、警察ならびに法と規則の遵守を司るすべての機関に、法務大臣は、裁判所が効果的に機能するよう裁判制度ならびに検察について責任を持つ。また、法務大臣は政府ならびに議会が行う法の起草および改正を補助しなければならない。そして、最後に財務大臣であるが、これは、国家財政ならびに税務に責任を持つ。

民主主義下においても、政府を発足したり、解散したりする方法はさまざまである。議会が組閣に何の影響力も持たない場合もある。スイスの多くのカントンのように政府のメンバーが国民によって直接選出される場合や、政府の長が国民によって選出され、米国のように大統領が行政府の長であり、国家元首でもあって、自身の政府を組織する権限が与えられている場合などもある。ちなみに、米国では大統領が指名した閣僚は、上院で承認を受けなければならない。他の国においても、国家元首が議会に対して閣僚を提案し、議会によって選出されるか、議会が閣僚を選出し、後に国家元首によって任命されるか、だ。たいていの場合、国家元首は政府や議会を解散し、改めて選挙を行う命令を下すことができる。

それぞれの方法に、良い点と悪い点がある。議会で過半数を占めていない政府ではその政策を実現するのは難しい。しかし、米国やスイスのカントンの多くでは、多数を占めていない政府でも活動することができるし、議会の多数を握る野党の妨害で妨げられることも少ない。おそらく、それはどちらの国も他国ほど政党に権力がなく、議員の裁量が大きいためであろう。さらに、スイスや米国の多くの連邦州では直接民主制が敷かれ、議会での妨害は国民投票によって回避することができるのだ。

政府の形態よりも重要なのは、党利党略から完全に独立した長期的視野に立てる要素、つまりリヒテンシュタイン侯国のような強力な世襲君主を国家の政治体制の中に組み込むことである。世襲君主はいかなる政党にも左右されず、選挙を気にする必要もない。リヒテンシュタイン侯国では、国家や国民の利益となる長期的な政策を、世代を超えて遂行することが可能なのだ。これには、君主の一族内での、世代を超えた前向きかつ緊密な協力が不可欠である。

しばし持ち上がる問題として、公務員は民間企業の従業員のように解雇され得るかどうか、というものがある。裁判官や検事は政治や政党から独立していることが重要であり、特に政党は議会を通じて立法府を、そして政府を通じて行政府を支配するのでなおさらである。検事や裁判官は、たとえ政治家や世論が同意しなくとも調査を開始し、判断を下さなければならない。それゆえ、裁判官や検事の解任は、特別な場合に限り可能とし、それも規定に則ったかたちで行われなければならない。

多くの国家で、裁判官などの公務員は事実上の終身制であり、解任され得ないという伝統がある。行政裁判所がないか、存在してもその権限が小さい国においては、裁判官のような裁判官は独立した存在とすべきであろう。独立した総合的な行政裁判所が存在するならば、行政が独裁的に振る舞い、法に違反していると思えば、国民は自身の判断で裁判所に提訴することができる。その場合、公務員に裁判官と同じ権利を与える理由などない。

公務員が、裁判官同様に自身の意思決定に独立性を持っているならば、立憲民主国の政府の手にある自由裁量権を獲得することになる。それゆえ、公務員は民間企業の従業員同様に扱われるべきであるし、解雇されないという特権を与えるべきではないという尤もな議論が出てくるのだ。もちろん、国家の役割を主たるものだけに限定するならば、国家行政全体を再構成する必要が出てくる。多くの公務員には、地域コミュニティの行政機関に移るか、国家の役割を引き継いだ民間企業へと転職する機会が生まれる。残念ながら、公務員としての雇用が終わり、彼らが新しい職を探さなければならない、という場合もあろう。米国では、新しい政府は前政府時の公務員の長たちを入れ替えるというのが慣習となっている。新しい政府は、信頼に足る協力者が必要であり、それによって憲法や法律の範囲内で、自らの政策を遂行することができるのである。民間部門と公的部門との人事転換の伝統を持つ米国でさえ、政府が替わったことで入れ替えられる公務員はごくわずかに過ぎないのだ。

二　福祉国家

第三章で論じたとおり、社会的行動は人間の基本の一部である。しかし、未来の国家は今日あるような福祉国家であるべきなのであろうか、それとも福祉をさらに増進させるべきなのであろうか。

我々の遺伝的とも言える社会的行動は、狩猟採集社会の政治的、経済的構造にかなりの度合いで影響を受けている。そこでは、個人や集団が生き残るためには、相互支援と資源の共有とが不可欠である。個人を集団によって社会的に管理することは大国におけるそれよりも容易であり、この体制は極めて効率的だと言える。狩猟採集社会では、共有地が富の源泉であり、時に他の集団から防衛しなければならないものでもある。狩猟採集社会の人々は、収穫はしても種を蒔くことはしない。個人の財産と言えば、衣服と武器、ちょっとした家財やテントまたは小さな小屋だけである。

農耕時代になると、土地の私有やそれと合わせた生産手段が重要となる。農夫は毎年土地を耕し、種を蒔き、収穫しなければならない。自然が重要であることにかわりはないが、もはやそれだけで富が生み出せるわけではない。税金を支払うかわりに、君主や寡頭制、または国家が、領土への侵攻に対する防衛や域内での法と秩序の維持など、それまで小さな集団や部族が行っていた役割を果たすことになる。親類縁者や村または地域社会といった伝統的な集団のなかで共有、相互援助が保たれてきたのだ。

遺伝的とも言える人間の社会的行動や国家体制がゆっくりと姿を現し始める。村や小さな都市では、誰もが互いを知っているわけで、集団による社会統制、共有や援助が可能であった。しかし、大きな都市や国家となると、それはもはや不可能である。工業化、地方から都市への人口流入、核家族化や村々の伝統的な社会構造の崩壊などが、人類の遺伝的な社会的行動と社会構造との乖離を加速させている。先進工業国では、人口の大部分が伝統的な社会集団にはもはや属さなくなっている。結果として、共有や相互援助の習慣は、小さな伝統的社会集団による統制とともに失われている。大きな人口を抱える国家では、この手の統制はもはや機能しないのだ。無理にそうしようとすれば、いやでも警察国家のようになり、汚職は蔓延し、自由は失われてしまう。

財産の共有と公平な分配という狩猟採集型へと回帰しようとする社会主義の試みは、政治的、経済的惨劇にしかつながらないことがはっきりしてしまった。国家の寡頭制が富を他者に分配してしまうのであるから、個々人はもはや新たな富を創出しようとはしなくなる。富を創出する方法を巡る競争はもはやなく、あるのはどう分配するかだけである。石器時代の社会的行動は、農業国家や工業国の社会的、経済的、政治的環境に適用し得ないのである。

一方、社会的市場経済は、農耕時代の村落や小さな都市の社会的行動を、私的所有権や市場経済を維持することで工業国に適用しようとするものだ。この形態は、社会主義より成功していたが、今や危機に陥りつつあり、やがては崩壊するであろう。福祉国家は、法的手段を通じて、伝統的な小集団にみられる社会的行動を国民全体に適用しようとするものである。このプロセスを管理、運営するためには巨大な官僚組織が必要となる。このための高額な費用を別にしても、この体制は個人の自由を阻害する危険性があり、民主主義下では、政党が納税者の資金を使って票を「買う」可能性を生み出す。人、サービスそして財の移動が急速に進むグローバル化時代において、福祉国家は危機に直面していると言えるであろう。

さらに、福祉国家は世界的な情報化社会においてモラルの問題も抱えているのだ。人類は社会的生き物であり、キリスト教や他の宗教も説いているように、隣人への慈悲を持ち合わせるべきである。キリストは、見知らぬ隣人かもしれないが、敵をも愛せとユダヤの民に説いている。今日、勤勉に働き、たくさん稼いできてくれるミュンヘンの家長が、ベルリンの公務員を隣人と捉えるべきなのであろうか。この隣人が六十歳で引退し、ベルリンか冬にはフロリダかで二五年の余暇を楽しむために、年金の一部を負担することがこの家長の務めなのであろうか。このミュンヘンの家長は、第三世界に住むどこかの父親にとっては隣人ではないのであろうか。彼の家族は貧困に苦しみ、医療から隔絶され、病気やちょっとした怪我にも怯えているかもしれないのだ。福祉国家というのは、「汝、隣人を愛せ」という教えではなく、ごくわずかな人々に資するだけのイデオロギーの賜物なのであろうか。ごく一部の選ばれしマイノリティのための地上の楽園を生み出すに過ぎない福祉国家や強制的な団結を人々は信じてはいないであろう。

グローバリゼーションが家族の枠を拡げ、さらに緊密なものにしているからといって、ごく一部の特権階級がのんびりと暮らすための補助金を国民に強いることが社会的に正当化されるのであろうか。個人的に寄付をしたり、途上国の健全なコミュニティを支援したりすることで、最貧層の人々を助ける機会を個人やコミュニティに提供することのほうが合理的なのではなかろうか。ベルリンの一人の公務員に支払われる月々の年金額があれば、第三世界のたくさんの子供たちの命を救えるだけでなく、彼らの教育をも賄うことだってできるのだ。国家が行う外国支援というのはたいていの場合、税金の無駄遣いであり、百害あって一利なし、だ。

福祉国家はまた、国家の寡頭制が国民の生活に介入し、国家官僚制を維持するために増税を求めたり、将来世代の負担でしかない債務の山を積み上げたりすることを助長するばかりである。現在の福祉国家も、もはや維持し得ないことは専門家が何度となく指摘するところであるが、政治家たちは選挙のたびに福祉のさらなる増進を謳い、票を買うことに努めている。今のところ、そういった公約を謳った政治家たちは、寛大極まる退職金を当てにすることができる。しかし、福祉を大幅に切り詰めざるを得ない時期に選挙に勝った政治家は悲惨であろう。

この問題は、十九世紀末、宰相ビスマルクが新たに建設されたドイツ帝国で六十五歳以上の国民に国家年金を支給することを約束した時から始まっているのだ。六十五歳というのは、当時の平均寿命であり、年金額それ自体が少額であったので、それを税金で賄うこともさして問題ではないように思われた。しかし、その後、平均寿命は大幅に伸び、その一方で多くの国が定年となる年齢を下げたため、それに伴って年金の支払額も増大した。またほとんどの先進国がドイツのモデルを参考にしているので、今や同様の財政問題を抱えることになっている。

年金基金のうち、その一部だけでも予定よりも早く積み立てられている国家などごくわずかであろう。その場合でも、監査や規則の誤りにより間違いが起こっている。先進工業国でこれまでに起きたことをみれば、年金の管理を国に任せるべきではないことが分かる。将来世代を犠牲にした乱用の危険性は、あまりに大きいと言わざるを得ないであろう。

さらに、いわゆる賦課方式による国家年金制度は多くの先進工業国にみられる出生率の減少の一因にさえなっていると思われる。かつては、多くの人々にとって、子供とはやがて自分たちを支えてくれる存在であった。子供たちは、両親にとって喜びである一方で、財政的にも時間的にも負担ともなり得るのだ。見ず知らずの人々の年金を負担するよう国家から求められ、自身の年金は国家が保証するという環境で、子供を持とうするであろうか。前述のように物質社会は後継者たちにさしたるものも生み出せないのであるから、国家がその責任を引き受けることなど出来はしないということが日々明らかになっている。

西欧文明において、国家年金という制度は比較的新しいものではあるけれども、一生現役で働くというのは生活習慣を根本的に変えるものである。それゆえ、国家年金を突如止めるというのは、よほど深刻な危機でもない限りは政治的に不可能であろう。既に引退している国民や、直に引退しようとする者にしてみれば、改めて職を探すことなど困難を極めるわけで、生きていくためにも国家年金は不可欠となっているのだ。だからといって、このような環境下で、インフレ率を上回るよう年金の支払額を増大させることは正当化され得ないであろう。なぜなら、将来世代は、今の年金生活者と同等の生活を享受しようとしたら、自分たちで年金を賄わなければならなくなるのだ。

危機を抑えるためには、定年を引き上げ、年金制度を現在の賦課方式から、積立方式へと徐々に変えていかなければならない。これが上手くいけば、個々人はいつ引退するか自分で決めることができるようになる。高齢者を採用することが不利となるような規制も止めなければならないであろう。平均寿命が延びたことで、人々はより長い期間働くことができるようになったという事実を社会も受け入れなければならないであろう。実際に、定年後も働くことは、労働それ自体が肉体的な負担にならない限りは、心身共に健康には良い影響があるようだ。これは個々人にとっても、その周りの人々にとっても良いことであろう。積立年金であれば、個々人が自身の年金の全部または一部を諦め、貯蓄を子供たちに譲ることも可能となる。

積立方式に反対する者たちは、積立方式は所得の一部を拠出できる者を利するだけとなり、社会的に望ましいものではない、と主張する。しかし、これは正しくない。なぜなら、現在の賦課方式のように、法律で広く拠出を義務付けると、結果的には低所得者や所得のない者たちを利するような富の再分配が行われることになってしまうのだ。今日の賦課方式では、高所得者は低所得者よりも制度にかかるコストを過分に負担しなければならなくなっているのだ。所得のない者は、拠出はせずとも年金は受給できる。年金制度が積み立て不足かどうかという問題は、誰がその資金を賄うのかという問題とは完全に切り離し得るものである。

私的な年金制度、特にそれを運営する企業が資金を自社に投資している場合などは、資金が流用されたり失われたりする危険があると、積立方式に反対する者たちは言う。原則的に、企業が運営する私的年金制度では、年金基金を自社に投資できないようにすべきである。しかし、残念ながら、運用の失敗や損失は国家が運営する年金制度でも起こり得ることである。適切な規制を設け、また効果的な監査を行うことで、これらの問題は大幅に抑制できるであろう。

私的年金制度にもあるように、社会の構成員の事故や病気をカバーする最小限の保険制度を設けることも可能である。リスクファクターに応じて、保険料をスライド制にすることも合理的であろう。今日みられる保険制度でも、怪我の危険性が比較的高いスポーツなどには、追加費用が求められる。同様に、過剰な喫煙、飲食、または運動不足など不健康な生活習慣を選択している者にかかる保険の費用を全員に負担させる、というのも正当化されるものではない。一方、年齢や性別、先天的な体質などコントロールできないリスクファクターを持つ者にかかる保険費用は、皆で分担されるべきものであろう。

損害保険や健康保険には、過剰な費用や乱用がつきものである。患者の健康と医師の収入とが絡んでいるわけで、両者は治療方法を最適化することで利害を共有している。医師はまた、不適切な診断や治療による医療過誤訴訟から自分たちを守らなければならない。結果として、患者も医師も、医療のロールスロイスに傾倒していくのだ。これは、保険会社という第三者がその費用を負担するのであるから、驚くべきことではない。このような環境であれば、先進工業国でのヘルスケアにかかる費用がかなり低いもの頷けよう。

一方で、損害保険や健康保険の過剰な費用や乱用を防ぐ手だてもある。例えば、自動車保険など他の保険でもみられるように、患者に免責金額を超える負担があるとしよう。必要最低限の収入しかない者に対しては、公権力が最低限の保険と超過分とを賄うべきであろう。車を所有している者は、必要とあれば車を手放せばよいのだから、最低限の保険と超過分とは自分で支払うべきだと言うこともできる。しかし、貧しい人々に健康な生活を諦めよ、というのは三千年紀の国家の社会的、道徳的、宗教的原則には反するものである。

寛大な福祉制度を持つ先進工業国の多くで、失業は長い間主たる問題とはならなかった。しかし、今日、それは重大な問題のひとつであり、世界経済の急速な構造変化を考えると、しばらくの間は変わらないであろう。農業社会から工業社会へ、そして工業社会からサービス社会へという構造変化は、個人だけでなく、経済全体または地域全体にも影響を与えるものである。したがって、私的な雇用保険は、私的な損害保険や健康保険よりも根本的な問題を現していると言えるであろう。民間の保険会社が第三世界の農民の失業保険を引き受けるであろうか。

失業に対する最良の保険は、グローバル経済で勝ち抜く企業が新たな雇用を創出したくなるような経済政策を国家が維持することである。過去には、低い税率や、官僚による不介入、法の支配の維持や教育水準の高い国民など、リベラルな経済政策をもってそれに取り組んできたわけだが、三千年紀においてもさして変わりそうにはない。

三千年紀の国家は、失業対策を地域のコミュニティに委ねることができるであろうか。およそ三万五千の国民を持つリヒテンシュタイン侯国をみる限り、原則的にはイエス、である。しかし、リヒテンシュタインは何十年にもわたり前述のようなリベラルな経済政策を実行し、今日なお国家の援助がなくとも世界市場で戦い得る多くの企業を抱えた、強く、多様な経済を誇っていることは心に留めておかねばならない。とはいえ、リヒテンシュタインほどの経済水準に達していない国家でさえも、雇用にかかる責任を地域コミュニティに移しても良いであろう。ただ、そのような責任を地域コミュニティに移管する前に、国家は労働市場と失業手当の制度を改正しなければならないであろう。

多くの国家で、最低賃金と社会保障の負担金が高過ぎることが新たな雇用の創出を難しくしている。失業期間が長くなればなるほど、新たな職をみつけることが難しくなることは経験的にわかっているので、失業者に一日でも早く職を提供することを改革の主眼とすべきである。

福祉国家の高い費用が、日を追って問題となってきている。若者や能力のある人々は、物理的にも、財政的にも海外に移住することで増大する税負担から逃れようとしている。一方で、寛大に過ぎる福祉国家は、その負担を担う力も意思もないかわりに、便益ばかりは主張しようとする人々を引き寄せている。福祉国家で得られる莫大な財政援助と、第三世界で生きるために必要なほんのわずかな金額との差が、不法移民の問題を招来するばかりでなく、時とともに政治的緊張を引き起こし、世界全体での衝突の危険性を呼び起こしているのである。

三千年紀の国家は、福祉制度からもゆっくりと撤退していく。第一のステップは、非積立型から積立方式の年金制度に徐々に移行し、定年も引き上げる。次に、労働市場を改革する。第三に、すべての福祉制度を地域レベルに移管するのだ。

地域レベルでは、連帯感が強く、問題もその解決策も早く見出される。意思決定も早く、即座に実行されるため、乱用もかなり容易に発見され、阻止されやすい。それらの仕事を地域の団体にどれだけ統合するか、自分たちの福祉制度にどれだけの補助金を出すかは地域コミュニティで決定すればよい。国家がすべての福祉制度を地域コミュニティや民間部門に移管するならば、何らかの法的枠組みと乱用を防ぐよう監視する仕組みとを作らなければならないであろう。この枠組みのなかでも、地域のコミュニティは革新的な解決策を生み出すべく、互いに競うことができよう。三万五千の人口を抱えるリヒテンシュタイン侯国は、小さな町程度の規模しかなく、効率的な福祉制度を有しており、年金の大部分は積立方式で賄われている。国家から地方へと福祉制度を移管するには、税金と財政の仕組みを根本的に再編成しなければならないが、それについては第十章五項で述べよう。

世界経済のグローバル化はやがて、財やサービスの価格を均一にする。この世界的な競争から最も利を得るのは、消費者であり、社会的視点から言っても、それは良いことである。あらゆる分野で、価格が下がり、品質は向上し、そして選択肢が増えるのだ。自動車産業がその好例で、かなりの部分で国際市場価格が行きわたっている。東欧やインドが市場として開放されたことで、品質も選択肢も増大している。同様のことが、通信や金融などのサービス部門にも見ることができる。

財とサービスの国際市場価格が意味するものは、長期的には地域の企業と雇用とが守られ得るコストが適用される、ということであり、財とサービスの国際市場価格は、やがて労働コストも含めたコストの国際市場価格を導き出すのだ。この進展から不利益を被る雇用者や従業員たちは保護主義によってその流れを止めようとする。気持ちは分かるが、そのような政策は、社会問題を先送りし、大きくするばかりである。

ノーベル経済学賞の候補としてしばしば取り上げられる人物に、インドの経済学者ジャグディーシュ・バグワティがいる。彼は、グローバリゼーションがインドや中国の貧困にもたらす影響を検証し、経済のグローバル化はそれらの地域の貧困の減少に重要な役割を果たしているとの結論を導き出している。彼は、自身への批判者を現実主義者と理想主義者とに分類している。

現実主義者とは、保護主義によって消費者の負担の上で経済的利益を得ている者たちのことだ。前述のとおり、現実主義者には雇用者も従業員も含まれる。理想主義者とは、産業国家に多いのであるが、貧困から環境破壊に至る第三世界のあらゆる問題の原因を経済のグローバル化にみる者たちである。現実主義者も理想主義者も、経済のグローバル化に対して世界的な連携を取っているが、理想主義者は現実主義者たちからすれば、公益の名のもとに自らを利してくれる便利な道具でもあろう。経済のグローバル化に反対する運動は、まさに不正なものである。それは長期的には産業国の雇用を守ることもなく、ただ第三世界の貧困を助長するばかりである。

グローバル化の結果、過去数十年にわたり先進工業国での雇用が失われたことはたしかであるが、同時に、さらに多くの雇用が、オートメーションを通じて三つの伝統的な経済分野で失われていったのだ。まず第一次産業では、農業と林業。第二次産業では、製造業、建設業そして鉱業。そして第三次産業では、貿易、輸送、そしてサービス業。グローバル化とオートメーションに起因する社会問題は、保護主義や、機械やコンピュータを破壊することで解決されることはないのだ。それどころか、それらの政策は、「経済的石器時代」に舞い戻るようなものであり、国家は交易を失い、グローバル化した世界経済から切り離され、「保護主義の保留地」となるであろう。機械もなく、コンピュータもなく、自動車もなくなれば一時的には失業は減るであろうが、ひとたび不作になれば、飢饉に陥るのだ。また、グローバル化の敵たちの「保護主義の保留地」では農業生産性が著しく低下するであろう。現代の農業は、工業同様に輸入に依存してもいるのだ。

失業に対する最良の保険は、グローバル化した世界経済で戦い得る企業で、新たな雇用を創出することに限る。そこでは、次章で述べるとおり教育制度が中心的役割を果たすことであろう。

三　教育制度

十九世紀初頭、福祉国家というものが生まれるはるか以前に、リヒテンシュタイン侯国を含む欧州の多くの国家が、すべての児童の義務教育を法律で定めた。国家ならびに地域コミュニティは、まず小学校を建設し、次に中等学校、さらには大学を建設していった。十九世紀から二十世紀にかけて、公権力が徐々に教育制度を引き継いでいく。教会や私立学校は国有化されず、今もって存在してはいるが、国の学校制度の中に組み込まれていった。現代の経済も国家も、その運営に当たり教育水準の高い人々を必要とするのであれば、公権力は国民の教育にこそ意を割くべきであろう。現代社会において、教育水準の低さは大きなハンディキャップとなる。そのような人々が、高給の職にありつくことなどほとんど不可能なのだ。

しかしながら、教育制度の運営を将来の国家の責務とすべきかどうかは考えどころである。福祉制度と同様に、制度全体を民営化するか、地域のコミュニティに移管したほうが良いと思われる理由は幾つもある。国家は、教育制度の法的枠組みを設け、監視する義務は持ち続けるであろうが、幼稚園から大学に至る制度の管理、運営は民間企業や地域コミュニティ、またはコミュニティの連合体や民間企業とコミュニティの合弁によって行われるのではないであろうか。教育制度にかかる費用を国が負担するならば、子供たちや父兄を受け手とするバウチャー制度を通じて行われるべきであろう。政治的には、支持の少ない方法であるが、子供たちには家計の状況にかかわらず等しく機会を提供することになるであろう。

バウチャー制度を通じた教育制度を推すのには理由がある。今日、中央または地方政府といった公権力が、幼稚園から大学に至るまで直接的な補助金を通じて教育制度を支えている。これが非効率かつ、時に極めて不公平な制度だということだ。不運にも資金力に乏しい学校がある地域に住む家族は、学費の高い私立学校に行かせない限りは、子供たちに酷い教育を受けさせなければならないのだ。これは極めて不公平な話であるが、あらゆる国の機関は税金で賄われており、民間組織の台頭は防ごうとする、ナショナリズムや社会主義のイデオロギーにはしっくりくるものだ。

教育制度に税金を充当するよりも、父母や生徒たちに補助金を与え、自分たちで最良と思う学校を選択できるようにしたほうがよほど良いであろう。父母や生徒の期待に応えることができる優良な学校は成功するであろう。それができない学校は、統合されるか市場から退場するしかない。父母や学校による乱用を防ぐために、補助金は現金ではなく、バウチャーで支払われるべきで、基準を満たす学校で換金されれば良いのだ。父母は、自分の子供を自分たちで教育すると国に誓約する場合に限り、バウチャーを換金できるようにすればよい。子供たちが公立の学校と同等の教育を受けられることが証明されるならば、義務教育を課さなくなっている国もたくさんある。

公権力が管理運営する他の組織と同じように、学校も遅かれ早かれ官僚的になり、非効率となりがちだ。政治家たちは、もはや責務を果たせなくなった校長や教師を解任したがらない。たいていの場合、解雇は極めて難しく、そのためには長期間にわたる裁判が必要な国も多い。政治力を持つ教師の組合もまた効率的な教育制度にとっては障害である。彼らにしてみれば、生徒たちの福祉や成長より、教師の福祉が重要なのだ。バウチャー制度に対する政治的な抵抗勢力は、これらの強力な組合によって組織され、支持されている。

事実として、公立の教育制度では父母や子供たちの期待に応えられないことが多くなり、追加的な費用を支払ってでも私立学校で教育を受けようとする父母や子供たちが増えている。しかし、彼らが財政的な犠牲を払っているにもかかわらず、国家は望まれていない非効率な学校制度を支えるべく、税金を支払えと強要するのだ。バウチャー制度を広く導入できたとしても、すべての父母や子供たちが自由に学校や大学を選択できるようになるまでには時間がかかるであろう。純粋に民間ベースでの教育制度を構築するには何年もの時間が必要なのだ。

将来の国家は、バウチャー制度のもとでも重要な役割を果たし続けるべきであるし、そうするであろう。しかし、それは社会正義を支える役割であり、今日の教育制度のようにそれを妨げるためのものではない。法令などを通じて国家が設けた法的枠組みをもって、バウチャーの価値の保証や、有効期間、または学校に求める最低限の水準といった多くの問題に取り組んでいかなければならない。

地域のコミュニティには、教育制度をより寛大なものとするために自分たちの税収を充当したいか、バウチャーの価値を増大させたいか、またそれらを福祉制度や文化、その他の分野にも適用したいかなど、自分たちで決定する裁量が与えられるべきである。雇用を維持し、創出するために税率を低く抑えたいという地域コミュニティもあるであろう。それの決定はすべて、住民の生活に直接影響を与えるものであり、可能な限り住民に近いところで下されるべきなのだ。コミュニティでの直接民主制を通じて取り組まれるべきであり、制限された間接民主制による遠く離れた権力が取り組むべきではないのだ。

リヒテンシュタイン侯国の国民は、その数こそ少ないけれど、長い間、国や地域レベルで決断を下してきている。それは、国民投票による直接的なものであったり、国会や十一のコミュニティでの地方議会を通じた間接的なものであったりする。筆者はリヒテンシュタインの人々を誇りに思うが、他国の人々も彼らに負けず劣らず優秀であると確信している。自国民は直接民主制や地方自治に耐え得る能力がないと考えている政治家たちは、彼らがリヒテンシュタインの国民よりも知性に欠けるのかどうか科学的な調査を行えばよかろう。たとえそうだとしても、立憲民主国において、自分たちの納めた税金が、自分たちや家族に直接影響を与える分野でどのように使われるべきかを決める権利を国民に与えないという理由はなかろう。

四　運輸

運輸は国家の仕事であろうか。国家には、国営の高速道路、水路、鉄道、航空網、自動車産業、航空機産業などが必須であると過去のほとんどのナショナリストが当然のこととして考えていた。この運輸は国営たるべしという政策は、これまで全世界で膨大な金額の税金を浪費し、そして今でも垂れ流し続けている。リヒテンシュタイン侯国のような小国は、幸運にもそのような無駄が多く高価なインフラを納税者の負担で賄うことはできない。例外として、道路建設があるくらいのものだ。

知的実験として想像するに面白いと思うのだが、欧州や世界のその他の国が、過去二世紀にわたる運輸への積極的な介入をしなかったとしたら、今の世界はどのようになっているであろうか。根本的な変化は、およそ二百年前、鉄道の発展とともに起こった。十九世紀には民間鉄道会社が数多く設立され、財政的にも健全な鉄道網が建設された。政治家はその重要性を認識し、かかわりを持つようになる。そこには、国益のためという思いがあったのであろう。政府はその後鉄道会社を完全に支配するようになる。鉄道会社は過剰なまでの規制下に置かれるようになり、二十世紀初頭に登場した自動車産業にはもはや太刀打ちできなくなっていた。さらに、鉄道会社は鉄道網の建設や維持にかかる費用は自分たちで調達しなければならず、一方で道路網の建設、維持には税金が充当された。これは、政治家が長期的展望も持たずに、規制と税金とで競争を阻害してしまう数多くある例のひとつであろう。

国家が介入しなければ、独自の鉄道網を持つ鉄道会社は、自動車や航空機が急速な発展を遂げたこの百年間に、技術的にも停滞するのではなく、大きな躍進を果たしていたのではなかろうか。介入がなければ、運輸は現在の体制よりも人と環境に優しい鉄道に依存していたであろう。しかし、現実には、世界にはぎっしりと道路網が張り巡らされ、そこになだれ込む車の群れは、人々を事故に巻き込むだけでなく、排気ガスや騒音で環境を汚してもいる。

運輸は人々の生活環境に影響を与える要素のひとつである。道路網ではなく、発達した鉄道網に依存する運輸システムであれば、全く異なるかたちのコミュニティを形成したであろう。例えば、大きな都市と小さな都市とが高速鉄道で結ばれる、といった具合だ。電気自動車は、ガソリン車やディーゼル車に取って代わるには至っていないが、移動距離も短く、速度も遅い都市内での利用には十分な役割を果たす。高速鉄道用の鉄道網であれば、道路より用地は少なくて済み、大量の交通量を、より早い速度でさばくことができる。鉄道は電気を動力とするので排気ガスも出さないし、騒音も高速道路に比べれば容易かつ安価に制御することができる。高速鉄道は中距離の航空運輸に取ってかわり、今日空港の近隣で、人々ならびに環境の問題となっている大気汚染や騒音も削減することができる。

税金で賄われた高密度の道路網は、農耕時代から現代へと続く小さな村々のコミュニティのあり方を留めさせる一因となっている。これが、運輸や教育、保健制度、電気、水道、電話通信などインフラにかかる費用を極めて高価なものにしている。郊外に住む人々には就業の機会が限られ、結果として納税者や消費者に高い費用を負担させてでも農業従事者を守るような強い政治的圧力を生み出しているのだ。さまざまな調査によると、ＯＥＣＤ（経済協力開発機構）加盟国全体で、農業政策に一日当たり十億ドルもの負担を納税者と消費者とにかけているという。

これらの費用は別にしても、農業に国家が介入すると、消費者と納税者にさらなる負担をかけることになる。高い価格保証と補助金によって、本来農業に適さない地域を含めた過剰な耕作が可能となり、それが環境にも深刻な影響を与えている。農業生産を増やすために、河川は無理やり直線にされ、湿地は干拓され、草原は農地へと転換されていく。その結果として、農産物は過剰生産となり、国家はそれを世界市場で叩き売るか、廃棄するしかなくなる。もちろん、その費用は納税者に請求されるわけだ。

思考の転換はまだ始まったばかりである。環境主義者たちは、特に欧州での過剰な開墾を批判している。時に無償でばらまかれる先進工業国の安価な農業産品が、地元の農業を破壊していることを第三世界の人々も気づき始めている。第三世界の農民は、補助金を受けた先進国の農業に、世界市場でも自国の市場でも太刀打ちできず、それがさらなる貧困を増進させているのだ。農業政策に起因する第三世界の被害を算出することは難しい。ただ、それは少なくとも前述のOECD加盟国における消費者と納税者とにかかる費用とさして変わらないであろう。

最も合理的な解決策は、他の工業製品と同じように、農業生産物も世界的な自由貿易に委ねるべきとするものだ。そうすれば、先進国の納税者、消費者そして環境に益するだけでなく、途上国の農民そして世界経済全体にも資するはずである。先進国の農民は当初不利益を被ることであろう。しかし、先進工業国では巨額の補助金が得られるにもかかわらず、農業人口が著しく減少しており、農業を生業とする者は人口の数％に過ぎない。この割合は、補助金があろうがなかろうが、向こう数年でさらに減少するであろう。現在の農業従事者は高齢であり、家業を継ぐ者のいない農家も多いのだ。

OECD加盟国の市場を、第三世界の農業生産物に開放し、農業生産物に対して世界的に市場原理を取り入れようとすると、強烈な政治的抵抗を受けるであろう。そのため、世界市場では勝ち残ることができないOECD加盟国の農民には、一時的な援助が必要かもしれない。過去数百年間で廃れてしまった他の職業を差し置いて、農業を擁護するのは不公平だと指摘する者もいるであろう。靴職人、テーラー、鍛冶屋や馬車メーカーなど、幾つかの例外はあれども、毎年消費者や納税者に何十億ドルもの負担をかけるわけでもなく、消えていった職業もある。しかし、全世界で莫大な損失をもたらしている現在の体制を維持することよりも、農民を守るなり、早期に引退させることのほうがはるかに安くつく。

残念ながら、政治は知性よりも感情に左右されるのが常だ。今日やっと変化の兆しは見えてきたが、精神面では、人類はいまだ農耕時代のままである。農耕時代の風景が失われることは、写真集やテレビでしか農村や牧草地、家畜を見たことのない都市の住民にとってすら問題となり得るのだ。観光やその他の理由のために農村風景を維持したいと考えるコミュニティにとっては、園芸家として農民を採用したほうが安く済むであろう。写真集や感傷的な映画にあるような農家を訪れることも可能となるであろう。その他の農地は娯楽のための緑地にでも転換できる。

世界的な競争にも太刀打ちできる先進工業国の農地は、今後も耕作を続けるであろう。集約型の農業がさらに発展すれば、消費者が望むあらゆる作物を届けることができる。消費者が無農薬の作物を望むのであれば、現代の農業がそれに応えることであろう。国家の介入がなくても、消費者が望む作物を届けることができる限り、農業は産業国でも生き残っていけるのだ。

ＯＥＣＤ加盟国における農業政策について論じていると、あたかも今日の政策の失敗は、鉄道よりも自動車を優先した過去の軽率な運輸政策の結果であるような印象を持つ。しかし、実態はその逆であろう。農耕時代に形作られた我々の思考が生み出した運輸政策は、今日の産業、サービス社会に向けたものではなく、農耕社会に適合したものだったのだ。さらに付け加えれば、道路は古代より軍事的観点からも重要な存在であった。三千年紀の国家は、消費者や納税者に莫大な負担を強いる愚かな農業政策をいかにして止め、膨大な費用だけでなく、騒音や大気汚染で環境を汚し、広大な用地を必要とし、そして都市のスプロール現象を助長する運輸政策からいかに撤退するかといった問題を解決しなければならない。

幸いなことに、現代の技術がその解決策をもたらしてくれるであろう。ＥＴＣは高速道路だけでなく、一般道でも利用が可能だ。道路網はすべて民営化され、直接、間接の費用負担は、ドライバーに直接課すこともできよう。騒音や汚染が酷く、近隣の住人に補償が必要な場合には、道路に課徴金を課すことだって考えられよう。民営化された鉄道網は、直接間接にすべての費用を負担しなければならない民間道路網と再びしのぎを削ることになろう。運輸制度と、生活のあり方が、過去数百年にわたって行われた国家による過度な介入のない姿へと変わっていくことであろう。

緑地に囲まれ、人々が歩いて移動できるような小さな都市であれば、高度な生活水準が得られよう。インフラにかかる費用も、今日の大都市や、人口の少ない地域をもカバーする農村型の集落よりも少なくて済むであろう。それらの小さな都市が、高速鉄道で結ばれ、小都市のネットワークが確立されれば、その住民たちもさまざまな職業、教育、文化スポーツ活動に触れる機会が得られるであろう。それは、大都市に比べ、費用は低く、生活水準は高いものとなろう。

五　財政

将来の国家がいかにして資金を調達するか、というのは極めて重要な問題である。国家の役割を、主に法と秩序の維持、外交政策の執行、教育とに限定するのであれば、財政のあり方は根本的に再考されなければならない。その他の役割を地域コミュニティに移管するのであれば、税収の大部分や、徴税権なども移管しなければならないであろう。付加価値税や消費税などの間接税は国家に残しておき、固定資産税や法人税、所得税などの直接税をすべて地域コミュニティに移譲すれば良いという意見も多い。

独自の外交政策を有する立憲国は、たとえ世界貿易機関（ＷＴＯ）への加盟を通じて世界経済に統合されていようが、ＥＵに加盟して欧州経済に取り込まれていようが、独自の経済領域というものを持っている。関税に関していえば、国家が徴収しなければならないし、また各国から権限を与えられたＥＵのような組織が徴収しなければならない。この手の権限を個別の地域コミュニティに与えるというのは無意味であろう。付加価値税や消費税といった財やサービスに対する間接税も、国家が徴収したほうがより効率的であろう。さもなければ、競争を歪め、経済全体に悪い影響を与えることになる。財やサービスは、税金が最も安いというだけで、生産をするにも、消費者にとっても最適ではない場所で、製造されたり、販売されたりすることになってしまうであろう。

米国では、いわゆる「消費税」の管理は、連邦州政府ならびに自治体が行っている。そのため、多くの製品やサービスにかかる税金が複雑なものとなってしまっている。例えば、一九七〇年代のテキサスでは消費税はかからなかったが、州の東部では酒類販売に重税が課せられたり、制限されたりしていたのだ。テキサス東部は、アーカンソー州と州境を接するのであるが、アーカンソーでは消費税は高かったけれども、酒類に特別な課税がなされることはなかった。何年か前、筆者は商用でテキサカーナというテキサス州とアーカンソー州との州境をまたぐ街を訪れたことがある。テキサカーナのメインストリートが、二つの州の境界であり、税政策の結果が容易に見て取れるのだ。自動車のディーラーは通りのテキサス州側に展示場を置いている。一方で、アーカンソー州側には、レストランやバー、酒を売る店が並んでいるのだ。テキサカーナから遠く離れた地に住む人々は遠路はるばるやってきては、自動車を買ったり、酒を飲んだりするのである。市場が歪んでいることは明白であろう。

直接税に比べると、管轄内で間接税を引き上げることははるかに容易である。それほどの事務作業も必要ないし、そのために必要な官僚もそれほど多くなくて済むであろう。徴税権を地域のコミュニティに残すのであれば、間接税の管理は中央に集中させておくのが最も現実的な方法であろう。そう考えると、間接税を徴収する権限は国家に残し、直接税を徴収する権限を地方コミュニティに移管すべき、となる。

付加価値税のような間接税の税率については数多くの出版物が出ている。税率が均一であることのほうが、税率そのものよりも重要なようだ。しかし、政治家は異なる税率を適用したがる。それも、社会的に不公平だからという驚くべき言い訳をもってだ。政治家がそれと決めた贅沢財には、最も高い税率を適用し、間接税が免除されるようなものも含めたその他の財やサービスには低い税率を適用する。これは、シンプルであるべき間接税の制度を複雑なものにし、公務員の居場所を増やしているに過ぎない。もちろん、それによって政治家は友人や党派の仲間たちに職を与えることができるのだ。また、これによって政治家や政党は、税金を渡すのではなく、税の優遇をすることで、票を「買う」ことが可能になるのだ。政治家はこの財にはこの税率、あのサービスにはあの税率と、恣意的に決めることができるようになるので、経済に対する国家の影響力と、それに伴う政治家の影響力が増大することになる。

間接税にさまざまな税率を適用することと社会正義とは、悪魔と聖水と同様に、ほとんど関係のないものだ。特定の財やサービスの税率を下げることで得をするのは、それをより多く消費する金持ちたちだ。貧しい人々も、政治家が何らかの理由で贅沢財だと定義した財やサービスを消費することはあるであろう。間接税の税率を多様化することで成し遂げようとしている社会政策は、国家にも納税者にも極めて大きな経済的負担を強いるものである。貧しい人々に直接手を差し伸べるほうが、よほど効果的である。

直接税の徴税権を地域コミュニティに、間接税のそれを国家に委ねるのであれば、均一の税率ともに、税率も高くしてしまったほうが社会的、政治的、そして経済的にも有効である。間接税は、国内の富裕な地域から貧しい地域への限定的な富の再配分の道具としかなり得ないであろう。

外交政策、教育そして法の支配の維持に責務を限定された国家には、それほど多くの税収は必要ない。間接税から十分な税収があれば、余剰金すら生まれるかもしれない。余剰金の一部は、時間をかけて国債の消化に充てればよい。国家はまた、国債を可能な限り早急に償還するために、自身の主たる役割にはもはや必要のなくなった国有財産を売却すべきである。国有財産の売却で得られた資金は、第十章二項で述べたとおり、年金制度を積立方式に早急に切り替えるべく、退職金基金に投入することもできる。そうすれば、年金制度改革と国有財産の売却とを促進することになろう。とはいえ、本来の目的は国家の債務をなくすことであり、間接税から上がる余剰金は、住民の数に応じて地域のコミュニティに全額分配されるべきである。間接税から上がる余剰金を、人口に応じて分配することで、地域のコミュニティは自分たちの費用の一部分を賄うことができるであろう。それ以外は、直接税や他の収入で賄えば良いのである。

徴税権を分担することには別の利点がある。地域のコミュニティや国民全体が、国家に債務を増やすことなく、経済的にまっとうな活動をすることを強く求めるようになるであろう。でなければ、地域コミュニティや国民たちは間接税の余剰金にあずかることができないのだ。人々が、直接民主制が敷かれる地域コミュニティでの税金を上手く管理できるようになれば、それはそのまま国政レベルにも反映される。

徴税権の分担は、中央の権力が地域コミュニティや地方へと侵食していく、人類史上何度となく繰り返されてきた流れを止めることができよう。国家がその他の役割を担う事で政治的影響力を伸ばそうとするやいなや、地域コミュニティや人々の収入が減少するのだ。

国家が国債を通じて資金を調達することができないようにするには、国家がいかなる債務も容易に負えないようにする条文を憲法に盛り込むことが肝要である。将来の国家は、地域のコミュニティにも、その連合体にも債務保証などしてはならない。コミュニティが破綻したり、危機に陥ったりする可能性があるならば、有権者の大多数はコミュニティレベルでの、長期的かつ健全な財政政策を支持するであろう。破綻のリスクがあれば、資金の貸し手もコミュニティに対して、まっとうな対応を強いるであろう。これまでに、数多くの国や企業、銀行が、ラストリゾートとして国が資金負担を強いられることを知りながら、馬鹿げたプロジェクトや貸付を、立派だが経験不足は否めない議員たちに売り込んできたのだ。

こうすることでのみ、国家は国民の利益に資する健全なサービス企業となり得るのだ。何の天然資源にも恵まれず、もともとは極めて貧しかったリヒテンシュタイン侯国が、今もって一切の債務を抱えることなく成し遂げてきたことは、健全な財政政策さえあれば、他の先進国においても可能であろう。

債務を負わず、外交政策を実施し、教育制度を整え、法の支配を維持することを主たる責務とする国家は、ＧＤＰのわずかな額で賄われる筋肉質で隠し事のない国家となるであろう。間接税から得られる余剰金は、地域のコミュニティに直接分配され、地域コミュニティは、企業、個人、不動産、ペットの犬猫など、その地の政治家が選択したものに対して直接税を課す権限を持つ。原理的には、コミュニティは国の間接税に加えて、特定の財やサービスに税を課すことも可能である。例えば、健康を考えて消費を操作するために、酒類やタバコに追加的な税を課すこともできるのだ。市場経済の原則が、それらの税率をある一定限度に抑えることであろう。

間接税を通じた国からの財政援助と直接税の徴税権とがあれば、コミュニティは限られた資源のなかでも福祉制度や学校制度を支えることができるであろう。特に、教育制度がバウチャー制度を通じて国家から資金を賄われるものであれば、なおさらである。年金制度にかかる財政負担も、定年を引き上げ、民間の年金制度を促進することで削減できる。しかし、これは就業率と経済発展の度合いとに依存する。このように国家を根本的に再構成すると、民間企業への財政負担は軽減され、民間消費も刺激され、経済成長は加速し、それゆえ求人も増えるであろう。特に、人々が働きやすく、また企業も雇用を増やしやすい環境となるよう直接税と社会制度を構築している地域コミュニティではなおさらであろう。

各コミュニティが税率の引き下げ競争を行うような懸念もない。スイスやリヒテンシュタインの例が示しているように、税率がコミュニティごとに違っていても企業や国民がより安い税率を求めて移動することは限られている。税率は、国民や企業が居場所を決める数多くある理由のひとつに過ぎないのだ。企業にしてみれば、労働力の確保、高度なインフラ、市場への距離などもっと重要な理由がたくさんある。ほとんどの国民にとっては、税率よりも職場に近いとか、子供の学校に近いといったことのほうが重要であろう。税率ばかり高く、サービスの悪いコミュニティはやがて住民も企業もいなくなることであろう。直接民主制下では、自分たちのコミュニティが人々や企業にとってどれだけ魅力的であるべきかを決するのは、その市民自身である。

将来の国家は、国民やその子孫たちが自由に将来を設計することを可能にするのだ。より高い税率を課してでも、サービスをさらに向上させようとするコミュニティもあるかもしれない。高齢者の必要に応じたサービスを提供しようとするところもあれば、若い家庭のそれに応えようとするところもあろう。税金、社会制度、学校、運輸制度、文化事業、建物規制、建設用地の確保などを通じて、将来の国家におけるコミュニティは、住人の要望や地域の特性に応じた方策を自由に生み出すことができるのだ。

直接税の徴税権を国から地域コミュニティに移管するのであれば、国家はコミュニティが徴税するための枠組みを構築しなければならない。その枠組みがなければ、各コミュニティは、まるで国家のように相互に租税条約を結ばなければならなくなる。これはほとんどのコミュニティにとっては重過ぎる負担であるし、無駄な混乱を招くばかりである。国家が設けた枠組みのなかであれば、コミュニティはどのようなかたち、率の税金を課すか自由に決することできるようにすべきだ。都市のような大きなコミュニティであれば、独自に税務行政を行う組織を持てるであろうし、小さなコミュニティでは、税務行政を統合して第三者に委託するかもしれない。

税の枠組みとしては、地域コミュニティや国家間での税競争を基礎とするものが望ましい。競争があればあるほど、市民や納税者にとって良い枠組みが生まれるであろう。税競争は国家や社会を崩壊させるものではない。それは、税金を使って票を「買おう」とする政治家を撲滅するものである。

財政に関連したことで、人類の歴史において数多くの戦争の原因となった問題のひとつに鉱業権がある。鉱業権は国家が所有すべきか、地域のコミュニティか、それとも個人の土地所有者か。将来の国家において、鉱業権を国有とした場合、事業価値のある鉱物資源に恵まれたコミュニティは国家から離脱しようとするであろう。同様に、将来の国家における地域コミュニティも鉱業権を所有、管理すべきではない。コミュニティには既に多くの役割があるのであって、民間企業が対応したほうが良い問題にはかかわるべきではない。ゆえに、鉱業権は個々人に付属すべきであろう。

ひとつ例を挙げると、米国では原則的に土地の所有者に鉱業権が認められる。しかし、土地所有者は、土地の所有権と鉱業権とを分離し、鉱業権の一部または全部を売却することが可能なのだ。こうすることで、米国での鉱業の発展が阻害されることはないが、おそらく最良の方法というわけでもないであろう。何十年も前に売却された鉱業権が、改めて売買され、分割され、やがて複雑怪奇な状態となっていることがしばしばではないであろうか。土地は売買され、分割され、また相続される。何年も後になって企業がやっと鉱物を掘り出そうとしても、複雑に絡まった所有権に悩まされるし、一方で土地所有者も嫌な目に遭うかもしれない。

土地の所有権と鉱業権とはひとまとめにしておくべきであろう。国家はまた、影響を受けるコミュニティや隣接する土地所有者の利害、つまり水利権であったり、環境問題であったり、景観保護などを考慮に入れた法的枠組みを構築する。直接税の徴税権を持つコミュニティは、土地所有者からも、鉱物を採掘する鉱山会社からも税を徴収することができる。地域のコミュニティとその地の人々は、創出される雇用と、新たな税収とが環境にもたらされるであろう負の影響に比べて価値あるものかどうか判断しなければならない。

私的所有権を強固に主張する者は、この提案は国家や地域コミュニティに与える影響が大き過ぎる、というかもしれない。しかし、将来の国家では、地域コミュニティの強い反対を押し切って鉱物資源を掘り出すことなど不可能なのだ。なぜなら、コミュニティは国家を離脱し、鉱業権を乗っ取ってしまうこともできるのだ。これは、今日ほとんどの国家で行われているように、単純に鉱業権を国家に帰属させることよりも優れた方法であろう。

現在、鉱物や原油、ガスなどの採掘から利益を得ている国家は、鉱業権の私有化に反対するであろう。それらの国家が認識しなければならないのは、遅かれ早かれ、自分たちも他国と同様に税収から自分たちの費用を賄わなければならなくなる、ということだ。鉱物もいつかは枯渇するし、まだ見ぬ技術革新によって採掘が利に合わないものとなる可能性もあるのだ。それへの対策は早ければ早いほど、良いであろう。さもなければ、すべての国富を採掘される鉱物資源に依存しているのであるから、鉱物資源の枯渇とともにそのような国家は消え去ることになろう。

領海内の海底に眠る鉱物資源にかかる権利は国家が所有したほうが良いことにかわりはない。しかし、それでもなお、国家は地域コミュニティの利害を考慮に入れるべきで、さもなければ地域コミュニティは国家を離れ、独自に所有権を持つことになるであろう。

六 通貨

国家の費用を賄う収入源のひとつに、通貨発行の独占がある。通貨という発明が交易をすこぶる容易なものとした。二頭の馬と三頭の牛とを交換したいと思っている牛飼いは、彼と喜んで交換しようとする馬の所有者を探し出す必要がなくなったのだ。その代わり、彼は三頭の牛を家畜業者に売却し、受け取った通貨で馬の所有者や中間業者から馬を買えば良いのである。通貨が一般に受け入れられるためには、それが価値を持つと認識されなければならない。さらにいえば、持ち運びに便利で、長期間でも価値を減ずることなく貯蔵できなければならない。当初は、金や銀、銅などの貴金属が一般に用いられてきた。金属は、価値を減ずることなく小さな単位に分割することも、また溶かして大きな単位にすることもできたので、宝石よりも便利であったのだ。

　二千年以上前から、支配者たちは自分の国土で使用するコインを鋳造し、表面に金属の価値を記した。ここで支配者たちや国家を常々襲うのは、コインに含まれる金属の価値を減少させ、一方でコインに記される名目的な価値は変えない、つまり人々を騙すという誘惑だ。ちょっとした手間で、コインに含まれる金属の価値を調べることは可能であり、コインの金属としての価値と、名目的な価値との差があまりに大きくなると、人々はそのようなコインを信頼しなくなる。そうなると、物々交換に戻るか、より大きな価値を持つコインだけを受け入れるようになる。今日でも同じような状況は起こり得る。弱い通貨が強い通貨によって取って代わられるのだ。例えば、ドルやドイツ・マルクが、東欧の旧社会主義国家の通貨に取って代わったように、だ。

　国民に対する支配力が乏しく、一方で健全な通貨を持つ隣国と苛烈な競争にさいなまれると、国家は長期的には価値のないコインを鋳造することで資金を生み出すことが難しくなる。国家におけるマネーサプライの増大は経済の実成長と密接に関連していた。通貨価値が下落し、インフレーションが続く期間は比較的短く、それは戦争であったり、大量の貴金属が国内に持ち込まれたりした結果であった。通貨の歴史で良く知られる話であるが、アメリカ大陸が発見され、金や銀が大量にもたらされると、スペインのみならず欧州の他の地域でもインフレーションが発生した。その後、すぐに自由市場のなかで新たな均衡点が見出されるわけではあるが。

　中華帝国はかなり早い段階で、金属通貨を本源的には何の価値もない紙幣に置き換えることに成功した。欧州よりも容易に移行できたのは、近隣にたいした競合も居らず、弱い中国紙幣に取って代われる強い金属通貨が存在しなかったからであろう。欧州でも十七世紀から十八世紀にかけて、金属貨幣を紙幣に置き換える試みが何度となくなされてきたが失敗に終わっている。それでも、紙幣はゆっくりと金属貨幣に取って代わっていったが、それには紙幣に金兌換が義務付けられた場合に限ったことである。十九世紀に入り国民国家がその国民に与える影響が大きくなると、国立銀行が創設され、国家の経済地域が統一される。関税やその他さまざまな規制を通じた保護により、欧州の国民国家は紙幣をもって第一次大戦の戦費の多くを賄うことになる。税金は著しく増大し、一般所得税も導入されることになる。その結果、インフレーションが酷くなり、通貨に対する国民の信頼は失われることになった。信頼を取り戻し、またインフレーションを抑制するため、多くの国家が通貨に金による裏付けを持たせるようにしたが、実際に市民が紙幣と金とを交換することはできなかった。さらに、通貨を厳しく規制することで、欧州の個別の紙幣の間に競争が起こることを防いでいたのだ。その後二十世紀末までには、すべての通貨が金属価値とは切り離されたものとなっている。

グローバル化した世界経済において、国家が国の通貨や国立銀行を持つ必要があるのであろうかと思う者もいるであろう。理論的には、金属によって価値を裏付けられた単一の世界通貨が生まれることが世界経済にとっては最良の方策なのであろうが、それには通貨価値の安定に専念する独立した通貨発行銀行が必要となる。今のところ、通貨の変動や無価値の紙幣に付随するあらゆるリスクが国際貿易の妨げにこそなってはいない。しかし、現実には国家は長期的には紙幣のリスクに直面せざるを得ないであろうし、個々の国家のマネーサプライは大幅な変動に晒されるであろう事実を受け入れなければならないであろう。

国の紙幣が国民経済の費用やリスクを増大させるだけだとしたら、そのような変動から国家を守る方法は、原則的に三つある。

一つ目は、国家の規模や国立銀行または発行体の信頼度、通貨規制がないことなどさまざまな理由から、リスクが少ないと思われる他国の通貨を採用することだ。十九世紀、小国リヒテンシュタインは、オーストリア・ハンガリー帝国の通貨を導入した。しかし、この通貨は第一次大戦中に崩壊する。戦後リヒテンシュタインでは、スイスの通貨を利用し始める。スイス・フランの利点は安定していることと、完全に両替ができる、つまり何の制限もなく、いつでも他の通貨と交換できることにある。さらに、スイス・フランはその歴史から一種の国際準備通貨にもなっており、通貨圏が比較的小さく、金利も他の通貨よりも低いのだ。投機家たちにしてみると、通貨発行量が少なければ容易に吊り上げたり、たたき落としたりすることができる。それゆえ、他の小国は米ドルを採用することにしたのだ。ＥＵでは、ほとんどの加盟国がユーロを採用し、ユーロはもはや米ドルに次ぐ最も重要な通貨となっている。

二つ目は、国家が自国通貨の両替を認め、どの通貨を使いたいかは国民の判断に委ねることである。その場合、国家は税金などの支払いにはどの通貨が用いられるか、また国家からの支払いにはどの通貨が用いられるかを宣言しなければならないであろう。地域のコミュニティもまた、支払いについては通貨を特定しなければならない。しかし、これでは通貨間の自由競争の時代に戻ってしまう。そうなると、遅かれ早かれ、金属通貨が再び登場することになるであろう。

三つ目は、少々複雑なため機会があればより詳細に検証したいのだが、金属通貨に立ち戻ることである。この方法によれば、小国でも紙幣が持つリスクに晒されることなく、自国の通貨を発行することができるようになる。小国は、他国のマネーサプライの影響から逃れるため、また自国のプライドとしても、独自通貨の発行を望むであろう。

筆者がこの選択肢を検討したころ、リヒテンシュタイン侯国は既にスイス・フランを利用していたがスイスと通貨協定は結んでおらず、また一九七〇年代の通貨危機にあってリヒテンシュタインは非国内通貨圏であるとスイスが宣言したのだ。スイスは、リヒテンシュタイン国民を含む外国人によるスイス・フランの利用に制限をかけた。一九八〇年、リヒテンシュタインはスイスとの間に通貨協定を締結したため、その後リヒテンシュタインでの金属通貨構想は打ち止めとなった。

最も重要な貿易相手国の通貨との為替が安定していることが国家経済にとっては大切なことである。為替変動が大きくなればなるほど、財やサービスの貿易に従事する者たちが抱えるリスクも大きくなる。そのようなリスクは、先物市場を通じてある程度はヘッジできるが、さりとて費用がかかるのだ。いずれにせよ、輸入業者も輸出業者も大きな利幅を斟酌しなければならない。

小国の経済は大国よりもはるかに貿易に依存しているので、為替の変動が収益に与える影響もかなりのものとなる。

古典的な金属通貨は、国立銀行が他の通貨との間で為替レートを固定できるので、その点では利があると言える。しかし、欠点としては、金や銀など、通貨に用いられる金属の市場価格の変動に晒されることが挙げられる。コインの重量が固定されると、その金銀含有量も決まる。金や銀の価格がコインの価値よりも高い場合、投機家にしてみればコインを買って、溶かし、金または銀として売却すれば利益を得られることになる。これは、国立銀行が金または銀の準備を使い果たすまで続くであろう。

これは米ドルを管理する米国連邦準備制度理事会（ＦＲＢ）で発生したことと本質的には同じである。米ドルは一九七一年まである意味では唯一の金属通貨であったのだ。米国は、他国の国立銀行に対し、金一オンス三十五ドルで交換することを約束していたのだ。ちなみに、米国国民にとっては、一九三三年以降、ドルは単なる紙幣に過ぎない。ＦＲＢは金準備を上回る量の米ドルを供給し続けた結果、米ドルへの信認は失われることになる。さらに自由市場での金価格は一オンス三十五ドルを大幅に上回っていたのだ。外国の国立銀行は一オンス三十五ドルでドルと金との兌換をはじめ、それはＦＲＢがドルと金との兌換を停止しなければならないところまで続いたのだ。

紙幣が蔓延する世界において、それが金であろうが、銀であろうが、銅であろうが、固定した金属価格での裏付けを持った金属通貨を発行するだけの体力を小国が持てるわけがない。それゆえ、別の方策が必要であるが、筆者はたとえ話をもってそれを説明したいと思う。十九世紀のある時点、リヒテンシュタイン侯国がオーストリア・ハンガリー帝国の通貨を使い始める前のことだが、侯国は自前のターレル通貨を発行していたのだ。この歴史を足場として、もし今日、独自の通貨を持とうとしたら、どうなるか考えてみよう。コインはその価値に準じて、金、銀または銅を含有するものとする。リヒテンシュタイン・ターレルと他の通貨との比率は、最も重要な貿易相手国の兌換通貨からなる通貨バスケットに従って、リヒテンシュタイン国立銀行が定期的に定めるものとする。リヒテンシュタイン侯国の貿易相手国として重要なのが、EU地域であり、米国、スイスと続く。リヒテンシュタイン国立銀行は、一リヒテンシュタイン・ターレルの交換比率を、例えば十ユーロと固定するとしよう。リヒテンシュタイン・ターレルとユーロの比率を固定したとすると、リヒテンシュタイン・ターレルの金属としての価値は、金、銀ならびに銅の市場価格の動きに従って変動することになる。

普通に考えれば、発行済みコインの価格を、国際市場における日々の金属の価格変動に合わせることなど不可能である。しかし、鋳造した時点での金属価値を、その時の市場価格に合わせることはできよう。鋳造費用を賄い、また発行益を出すために、リヒテンシュタイン国立銀行は、コインの金属価値と名目価値との差額を固定することができよう。その差額を十%とした場合、リヒテンシュタイン・ターレルの購入者は十ユーロを支払わなければならないが、コインが鋳造された時点での金属価値は九ユーロというわけだ。一日に鋳造されるコインの量とその金属価値とは継続的に検査され、誤用を廃し、新しい金属通貨への信用を築くために公表される。コインの大きさはそのままに、金や銀といった異なる金属を用いることで、コインの金属価値を変えることができる。一般的な情報に加え、コインには鋳造した日付や、(例えば日々鋳造されるコインに）鋳造番号を振ることもできよう。

百ターレル金貨（一ターレル＝十ユーロとして）には鋳造した時点で九百ユーロの金属価値を持たせて発行し、その後金価格が上昇したことでコインの金属価値が千百ユーロになったとすると、保有者はコインを金属価値で売却し、百ユーロの利益を得ることができる。金価格が二百ユーロ下落して、百ターレル金貨の金属価値が七百ユーロとなってしまった場合でも、コインの保有者は、固定価格の千ユーロでリヒテンシュタイン国立銀行に売却できる。もちろん、彼が受け取るのは金属価値を全く持たない単なる紙幣であるが、それでもユーロが紙としての価値まで下落してしまった時に、廃品回収の問題が起こるだけのことだ。

ご覧のとおり、このような環境であれば、リヒテンシュタインの金属通貨を取得する者にとっての通貨リスクは極めて小さい。リヒテンシュタイン・ターレルはいつでも払い戻されるし、紙幣に過ぎない他の通貨に比べれば高い金属価値を持つのである。問題は、リヒテンシュタイン国立銀行が、一九七一年のＦＲＢのように支払い不能な状態に陥らないかどうか、ということだ。

コインの製造コストを額面の一％とすると、リヒテンシュタイン国立銀行は通貨を発行することで九％の利を得ることになる。百ターレル金貨を発行すると、リヒテンシュタイン国立銀行は千ユーロを受け取るのであり、帳簿上およそ九十ユーロの利益を獲得する。リヒテンシュタイン国立銀行は、百ターレル金貨の所有者がリヒテンシュタイン国立銀行に千ユーロでの払い戻しを求めてくるまでの間、銀行は千ユーロを運用に回して、金利を稼ぐことができる。一方で、百ターレル金貨の金属価値が七百ユーロまで低下したら、リヒテンシュタイン国立銀行は帳簿上、二百十ユーロの損失（稼いだ金利を差し引くが）を計上しなければならない。しかし、リヒテンシュタイン国立銀行が十分なユーロを保有していれば、百ターレル金貨を溶かして、損をしてまで金を得る必要はなく、再び千ユーロまで価値を戻すか、リヒテンシュタイン・ターレルに対する需要が増大し、他の通貨との交換が求められるかするまで金貨を胎蔵しておけば良い。結果として、さまざまな金属価値を持った多種多様なコインが流通に回ることになる。コインの保有者は、金属の含有量を調べたり、溶かしてより高い金属価値を実現させたり、また金属価値の低いコインを他の通貨と交換したりするために、鋳造日や名目価値に合わせてコインを分類したりするなど面倒なことはしないであろう。それゆえ、コインと銀行券の総量は安定するであろうし、ほとんどの先進国で、現金は全体のマネーサプライのほんの一部を構成するに過ぎない。先進国のマネーサプライのほとんどはいわゆる電子マネーであるし、あらゆる決済が電子マネーで行われているのだ。

リヒテンシュタイン国立銀行が、電子マネーとしてリヒテンシュタイン・ターレルを発行したとしたら、他の国立銀行と同様にユーロや米ドル、スイス・フランを受け取り、金利を稼ぐために市場に投資するだけのことだ。この点については、リヒテンシュタイン国立銀行は他の国立銀行となんらかわりはない。しかし、リヒテンシュタイン国立銀行には、他の兌換通貨または自国のコインの金属価値をもって、発行した通貨を百％担保することを法律で義務付ける。つまり、リヒテンシュタイン国立銀行は、一流銀行との為替取引のみが許容され、リヒテンシュタインの公権力に貸付を行うことは禁止されるのだ。

リヒテンシュタイン国立銀行を政治的に独立したものとするため、国家も地域コミュニティも国立銀行の持ち分を保有することは許されない。国家は、国立銀行を操業するための一般的な環境を整え、監査するだけであり、経営それ自体には手を出さない。私人や民間企業だけが国立銀行の株主となることを可能とする。国立銀行の利益は、自己資本や余剰金がマネーサプライの総量のある一定水準まで積み上がったら、配当として払い出すことができる。国立銀行はコインを発行することで得た帳簿上の利益をもとに払い出すことはできない。なぜなら、銀行には理論上、コインを名目価値で買い戻す義務があるからである。

こうすれば、小国でも容易に独自の通貨を持つことができ、その通貨も安定し、国際的な信頼を勝ち得ることもできるであろう。このような通貨は、時間をかければ、スイス・フランのように、金利の低さを活かした国際準備通貨の一翼を担うようになることもあり得るのだ。

ここまで述べてきたとおり、グローバル化した世界経済においては、金属を裏付けとした単一通貨が最も良い方策であろう。しかし、これが実現するまでには長い年月が必要であろうし、今日「国際通貨銀行」を作っても、それは各国のさまざまな政府に依存したものとなり、そこにはさまざまなリスクが付随してくることであろう。予見し得る将来においては、さまざまな通貨や通貨ブロックがしのぎを削ることで、人々はより大きな自由を得られるであろうし、政治家が権力を乱用することを防ぐこともできるようになるであろう。理論上は、世界経済にかかる費用を低下させる、より良い制度を導入することよりも良いかもしれない。残念ながら、当初は経済合理的と思えた新しい制度が、やがて自由度を失い、長期的には高くつくことになってしまったという例は歴史上枚挙にいとまがない。経費削減策として、コミュニティやカントン、連邦州や国家といった政治単位の統合は何度となく提案されてきたが、結果的に公務員の数が増えたり、以前よりも経費がかかることになったりしている。統合によって、政治単位間での競争がなくなり、市民が政治家や公務員を管理することが出来にくくなってしまうのだ。

通貨の問題は、金融業界にも影響をもたらすし、その逆もまたしかりだ。二〇〇八年、金融業界は歴史的な危機に揺れ動いた。グローバル化した世界経済では、一国で起こった金融危機がその国だけでなく、世界経済全体に影響を与えることになる。そのような危機が起こると、各国ならびに各国立銀行が重要な役割を果たさなければならないことは言うまでもなかろう。

筆者が、長年損失ばかり出していた家業の再構築に手を付け始めた時、重要な問題となったのがリヒテンシュタインにある小さな地方銀行の再生であった。その銀行は、第一次大戦後に個人投資家のグループによって設立されたものであるが、一九二九年には当時の侯爵の助力で破産を免れたりしていた。第二次大戦後、その銀行は他の家業の資金を調達するために用いられてきたが、それゆえ惨憺たる状況にあったのだ。素晴らしいチームに恵まれた筆者は、彼らの助けを借りて、過去四十年にわたり銀行を安定させ、そして拡大させていった。現在では、欧州のみならず世界中で活躍する最も健全かつ収益力あるプライベート・バンクとなっている。

筆者はまた、リヒテンシュタインにおける銀行ならびに金融業の規制緩和に取り組んだ。自由化を行う以前、リヒテンシュタインでの操業を認められていたのはたった三つの銀行だけである。ひとつは国立銀行であるリヒテンシュタイン・ランデスバンク（ＬＬＢ）、もうひとつはプライベート・バンクであるＶＰバンク（ＶＰＢ）、そして侯爵家のプライベート・バンクであるリヒテンシュタイン・グローバル・トラスト（ＬＧＴ）だ。自由化後、十二の銀行が新たに設立されたが、十五の銀行いずれも、金融業界全体に影響を与えた二〇〇八年の危機やその他の危機に際しても、危機にまみえることも、救済を必要とすることもなかった。

小さな金融センターが政府の助力なしに、他の巨大な金融センターよりも見事に金融危機を乗り越えたことを疑問に思う者もいるであろう。確実に言えることは、リヒテンシュタインの銀行は投資銀行業務や、複雑な不動産取引にはほとんど手を出さずにいたことがひとつの要因である。それ以上に重要であったのが、銀行ならびに金融業を規制するリヒテンシュタインの法律であり、またその管理能力の高さであろう。

二〇〇八年の金融危機が改めて証明したのは、多くの金融センターにおいて、法規制が不十分であり、また銀行監督が不適切であったということだ。第十章一項で立憲国について述べたことが、金融業に対する国家権力の責任という点にも当てはまるのだ。法規制は簡潔であるべきで、容易に理解できるものでなければならない。そうでなければ、あらゆる解釈が可能となってしまうのだ。競争の激しい分野では遅かれ早かれ、法規制のぬけ穴が生まれる。それが金融業界の魑魅魍魎にしてみれば好機となり、現代経済に不可欠な業界の監督をより難しいものにしているのだ。金融業界というのは本質的に、抽象的で、複雑なものなのである。

ぬけ穴のひとつとして常々取り上げられるのが、貸借対照表に計上されない資産ならびに負債が存在するというものだ。この不透明性が金融危機の不安定性を劇的に増幅させる。資産は取得価格または、市場価格がそれより低ければその価格で計上されるべきである。市場価格が取得価格よりも高いのであれば、その旨貸借対照表の注記に記せばよいわけで、利益として計上して払い出すようなことはしてはならない。取引量も少なく市場も不透明な資産の、高い評価額が過去の金融危機の原因となっており、その問題が解決されないのであれば将来も危機を引き起こすことになるであろう。今では負債までもが市場価格に再評価され得るのだ。格付け会社が企業の評価を下げれば、その会社の負債は貸借対照表上、減価されることになる。

金融業界における重大な危機は、すぐに経済の他の分野へと伝播し、主要な企業の流動性または債務不履行問題へと発展する。それがまた大銀行であったり、巨大金融サービス業者であったりするのだ。それゆえ、法、規制そして監督は大きな金融業者の流動性ならびに債務支払い能力に集中すべきである。

流動性の問題は比較的解決が容易だ。国家や国立銀行のような組織が、金融機関の資産を担保に融資枠を拡大すれば良い。融資枠を設ける条件は、堅実な銀行家や商人のそれと同程度とする。国家やそれに類する機関は国民ならびに納税者の受託者となるのであって、決して資金を好き勝手できる民間投資家ではない。金融機関が保有する無価値の資産を買い取ったり、支払い能力を欠いた金融機関への融資枠を拡大したりするのは問題だ。国家やそれに類する機関は、金融業界の規制ならびに監督にかかる過去の過ちを覆い隠すために、救済策を急いで講じようとすることがしばしばある。金融危機というのは市場の誤りではなく、国家、法律、規制そして監督の誤りであるのだ。

では、金融業界をどのように規制し、監督すれば良いのであろうか。前述のとおり、金融機関の貸借対照表は透明であるべきで、あらゆる債務を計上し、取得価格または市場価格の低い方で資産を計上しなければならない。そして、資産および負債の流動性を考慮すべきで、貸借対照表に計上される資産、負債には十分な流動性が確保されなければならない。近年巻き起こった金融危機が改めて示したことは、銀行業、保険業ならびに各種金融サービス業はリスクの大きいビジネスだということだ。金融業以外の企業で、同様のリスクを抱えるには、銀行から資金を調達できるだけの高い自己資本比率を持った強固なバランスシートが必要であろう。自己資本比率が十%を下回るような企業は銀行から借り入れを起こすのも困難であろうし、堅実な銀行であればまず貸付はしないであろう。しかし、多少の例外はあっても、あらゆる負債を考慮に入れると自己資本比率が十%を下回る銀行には誰もが喜んで資金を融資するのだ。それゆえ、金融業界では定期的に危機が起こるのも驚くにあたらない。もっと頻繁に発生しないことのほうが驚くべきことであろう。

流動性問題を抱える銀行や、自己資本が十%を下回る銀行は、流動性問題を解決するためには、損を出してでも資産を売却しなければならなくなるので、やがては債務不履行問題に直面することになる。金融危機が起こると、銀行のほとんどの資産は目減りし、銀行の自己資本比率も低下する。資産ならびに負債の流動性、および付随するリスクを考慮するならば、自己資本比率は十%以上であるべきであろう。

二〇〇八年の金融危機に介入せざるを得なかった国々は、そのような危機に十分備えをしているという印象を与えることはなかった。そのことが、国内ならびに国際的な金融市場の不信感を増幅させた。法規制ならびに監督行政はめちゃくちゃで、どのように運営するべきか明確なコンセプトもなかった。どうにか危機をやり過ごすために、経済全般ならびに納税者に多額の負担を強いているのだ。残念ながら、それが今日の現実の政策であり、根本的な改革はいまだみえてこない。

グローバル経済において、金融業界を根本的に改革するためには、主要な国際的プレーヤーたちの協力が必要である。国家には、簡潔な法律と実行力ある監督行政が必要であるし、巨大銀行には流動性を高め、自己資本比率を増大させることが求められる。市場や消費者、監督官庁は、総資産に対する自己資本の比率よりも、貸借対照表に示された自己資本の絶対額に目を奪われがちなようだ。近年の金融危機を考慮すれば、十%以下の自己資本比率を許容するのは無責任というものであろう。しかし、二十%以上を要求するのは、長期的には貸出を減少させ、金利を上昇させてしまうため、政治的には困難だと言わざるを得ない。

それゆえ、リスク多き業界に棲む巨大な国際的銀行は、国内および世界経済に対してシステマティック・リスクならびにモラルハザードの問題を抱えていると言える。彼らは大き過ぎて潰せないのだ。それらの銀行が、担保可能資産つまり売却したり、借入の担保にできる資産を保有している限りにおいては、流動性が主たる問題となることもないかもしれない。しかし、債務支払い問題は根本的な問題であり続けるであろう。

将来、米国やEU、日本などの主要プレーヤーたちが、本章で記したような新しい法規制に同意したと仮定しよう。さらに、十八%の資本比率を持つ大きくて潰せない巨大な国際的銀行が、流動性だけでなく、債務不履行の問題をも抱えていると仮定しよう。自己資本の半分以上が失われることになるのであるが、現在のルールに従えば、十分に資本蓄積があることになる。しかし、民間の投資家はそのような銀行の資金調達には応じようとしないであろう。そして、この銀行を管轄する国々は、予め合意し、公表した一連のルールに従って、銀行を救済すべく協力しなければばならなくなる。各国は、自分たちにとっても納税者にとっても満足いく条件で資本を再構成し、経営陣を入れ替え、銀行組織を再構築することで、予見され得る将来に、株式の売却なり、その他の仕組みを通じて、投下した資本を回収できるようにするであろう。

二〇〇八年の金融危機を通じて、次なる危機を防ぐ、また少なくとも被害を縮小するには根本的な改革が必要であることを主要プレーヤーたちが確信することができたのであれば、幾ばくかの利点もあったことになるであろう。巨大銀行や、金融業界の他の大会社が十分な水準にまで自己資本比率を高めるには何年もの時間が必要であろう。この対策を講じるのが早ければ早いほど、必ずや訪れる次なる危機への備えができるであろう。

七　国家が果たすべき責務

過去二百年あまりにわたり、国家は法の支配の維持や外交政策の遂行以外にもさまざまな役割を担うようになってきた。それらの役割はすべて税金で賄われている。次に挙げるような役割は、いずれ民間企業や地域コミュニティ、その連合体に任せたほうがより効率的なのではないかという疑問もまっとうなものであろう。ラジオやテレビ局の運営、郵便、電話通信、美術館やオペラ、劇場など国立の文化団体などだ。米国を例とすると、それらのサービスを国家や公権力が行う必要はなく、民間企業に運営や資金手当てを任せても、ラジオ、テレビ、美術館などは効率的な運営がなされるし、国営で行うよりも質が高い場合がしばしばある。一方、米国の国営の郵便事業は、国が運営能力に欠けることを示す最たる例であろう。米国でも欧州でも、民間の郵便事業は国営のそれとの競争にも優位に立っているわけで、郵便事業のすべてを民営化できない理由が見当たらないのだ。

外交の一環としての防衛は、伝統的に国家の主たる役割のひとつである。本書の前半で述べたとおり、戦争は農耕時代の産物ではなく、人類が発生した当初から起こってきたことなのだ。戦争は人類を苦しめるばかりでなく、最も馬鹿げた農業政策よりも高い代償を伴うものである。平和な時でさえ、ＯＥＣＤ加盟国の軍事関連支出は、農業にかかる支出の何倍にもなっている。やがて、国家が平和なサービス企業となれば、人々に「神と祖国」のために命を投げ出せとは言わなくなるであろう。その目標に到達するために、国家、政治家そして国民は、国家は神ではなく、国家の栄光や、選ばれし者たちの地上の楽園を作るために、命を投げ出す必要などない、ということを受け入れなければならない。将来において、国家は自らの顧客、つまり地域コミュニティや国民のために、納得いく価格で優れたサービスを提供すべく、平和的な競争を戦わねばならないのだ。第十二章で、人類がこの目的に到達するためのあり得べき戦略について記すつもりだ。

新しい平和的な世界秩序が実現しない限り、戦争は起こる。幸いにも、冷戦の終結以降、第三次世界大戦や国家間の長く大規模な戦争の危険は大幅に減少したようである。イラクによるクウェート侵攻とその後の開放をみれば分かるとおり、侵攻国は、主要な軍事大国を敵に回すとともに、国連での合意のもと叩き潰されるリスクを抱えるのだ。

一方、歴史を振り返ると、印パ戦争や中越戦争など大国が介入しなかった戦争もある。それは比較的短期間で終結し、地域的にも限定され、また侵攻国側が重要な領土を獲得したり、決定的勝利を得たりすることもなかった。例外を挙げれば、一九六七年の第三次中東戦争くらいであろう。しかし、その後イスラエルは、近隣国との平和合意と国際的に認められた国境線という最も重要な目的を果たすこともなく、占領地から撤退している。

今日、国家間の従来型または核による戦争よりも、大量破壊兵器を用いたテロやゲリラ、内戦などの危険のほうが大きい。伝統的な防衛政策や軍隊ではこれらの脅威に太刀打ちすることはできない。それどころか、状況を悪化させ、問題を大きくするばかりのようにも思える。これらの脅威を抑えるために必要なのは、法の支配が行きわたり、政治的、経済的、社会的問題を解決することができる国家が存在することである。

外交政策はそれが他国との関係であるにせよ、地域または国際組織への加盟に関するものにせよ、国家の役割のひとつであり続ける。グローバル化した世界では、経済、社会、観光、文化などさまざまな分野で国同士またその国民同士の関係がより近しいものとなるため、外交政策の重要性は増すであろう。外務省や大使館だけでなく、国際連合、世界貿易機関（ＷＴＯ）、世界保健機関（WHO）、EU、米州機構（OAS）、アフリカ統一機構（OAU）、東南アジア諸国連合（ASEAN）ならびに北大西洋条約機構（NATO）などの国際組織が国家間の関係においてもその重要性を増すようになる。これらの国際組織では、国家元首同士のものから、役人、専門家のそれとさまざまなレベルで定期的な会合が持たれる。行政機関の代表者たちが活動する国家レベルでいえば、これらの組織は各国をつなぐ外交ネットワークの一翼となる。代議士や裁判官が活動する法律や裁判にかかる地域ならびに国際組織もある。国境だけでなく、大陸も跨いだ、地域コミュニティ、都市ならびに地域によって構成されるネットワークもある。

現代のグローバル化した世界では、公的部門のネットワークは、経済、NGO、文化または観光などの民間部門におけるネットワークによって補完されている。もちろん、国家はこれらすべての民間、公的ネットワークを遮断しようとする。その結果、人々がどのような状況に追い込まれるのかは、社会主義下の東欧や、今日の北朝鮮、ミャンマーを見れば明らかである。長期的にみれば、そのような政策は失敗する運命にあるのだ。何世紀にもわたって積み上げられてきた伝統的な外交政策は、グローバル化で根本的に転換を余儀なくされたのである。輸送ならびに通信コストが急激に低下し、世界中で民間ならびに公的ネットワークが急速に拡がり始めたわけだが、この流れは今後も続くであろう。このような進展が伝統的な国家やその外交政策にどのような影響をもたらすか見極めるのは難しい。いずれにせよ、国際問題の多くが国家間の緊密な協力のもとでのみ解決されるのであろう。

先進国のほとんどで、海外援助が外交政策の一手となっている。第三世界の貧しき人々を支援することは我々の責務のひとつであると確信しているが、現在のようなかたちで、豊かな先進工業国が第三世界に援助を与えるのは無意味どころか、破壊的ですらあるとも確信している。

途上国への国家援助に対して長らく向けられている批判はこういうものだ。つまり、第三世界の富裕な支配者たちに資金を提供するために、先進工業国の貧しい納税者までもが巻き込まれている。その支配者たちは受け取った資金を個人口座に振り込むか、先進国の巨大企業が儲かるだけの無意味なプロジェクトに投資するかに過ぎないのに、だ。およそ五十年前に起こった植民地解放に端を発する海外援助の歴史を知る者であれば、国による海外援助は、汚職にまみれた、あこぎな支配者や寡頭制の権力を維持するだけだということを知っていよう。海外援助は素晴らしいことであるが、それは国から国へ、ではなく、私人から私人へ、NGOから国民へ、地域コミュニティから地域コミュニティへ為されるべきである。そして、何にもまして、法の支配と、グローバル化した世界経済に統合された市場経済とを持つ立憲民主主義国家を作らんと真剣に取り組んでいる国々にだけ援助は与えられるべきである。

国家による海外援助は、法の支配と市場経済を築き上げようとする途上国に特化すべきである。それには、巨額の資金は必要としない。それよりも、数年間、途上国に身を置き活動することを厭わない経験豊富な裁判官、弁護士、警察官がいれば良い。さらに、国家による海外援助は、第十章三項に記したような教育のバウチャー制度への資金手当てをもってすることもできよう。

第十一章

将来の国家の憲法

第十章において、将来の国家がいかにあるべきかを記してきた。本章では、将来の国家にあり得べき憲法草案について記していこうと思う。第八章で記したとおり、リヒテンシュタインの憲法がひとつの手本となる。この憲法を数十年間にわたり運用してきたことでさらなる利点も得られている。つまり、個々の条文の有効性であるとか、憲法解釈に資する憲法裁判所の判決などの経験値を積み上げてきているのだ。理に適ったものである限り、各章、各条文からなる憲法の構成はそのまま維持されるであろう。しかし、一八六二年または一九二一年に導入されるも、その後意味を失った条文や章、また第十章で述べたような将来の国家にとっては不要なそれらは削除したり、統合したりしている。草案の完成文は本書の付記に記すとして、本章ではその解説をしていこうと思う。

憲法草案は、世襲君主制または選出された君主が国家元首を務める共和制に向けて起草されている。自治、法の支配そして直接、間接民主制の原則に依拠する憲法草案は、それが世襲君主制に向けたものでも、共和制に向けたものでも、さして変わりはない。君主として筆者は世襲君主制が長期にわたり存続できるよう、草案では君主制を先に記し、共和制についてはカッコ書きにしている。特定の君主や共和国について記している印象を払拭するために、君主制は「X王国」、共和制は「Y共和国」としている。

ほとんどの憲法と多くの国家条約が、その序文において、原理原則や憲法または国家条約の目的について宣言している。序文を根拠に国民が提訴できるかどうか、については憲法学者によって意見が異なるところではある。序文での宣言が何の法的重要性を持たないのであれば、削除したほうが良いであろう。憲法への理解と信頼を仰ぐだけでなく、法的に重要性を持つのであれば、その実際の条文の中に取り込むべきであろう。リヒテンシュタイン憲法には序文は存在せず、そのことで、リヒテンシュタインの国民が不必要な裁判に取り組むこともなく済んでいる。この経験と、簡潔明瞭で理解しやすい憲法を作るという目的に照らして、本草案には序文は記さない。

国家と、その原理原則、目的そして役割は第一章、第一条から第四条で定義される。国家がその役割を増大させないために、国家の役割について記した第二条において、国家はその他のあらゆる役割を地域コミュニティや民間組織に委ねなければならないことを強調している。また、国家と地域コミュニティの役割ならびに政治的責任の分担をはっきりさせるために徴税権も明確に分離している（第三条）、これは地域レベルの自立、自治が時間の経過とともに弱まるのを避けるためである。第四条で規定するように、地域コミュニティに国家を離脱する権利を持たせることで、国家が非効率な独占体から効率的なサービス企業へと転換するようにしている。こうすることで、一定の価格水準で消費者にとって最適なサービスが提供されるようになろう。

第二章、第五条から第十二条では、国家元首の地位、権限、役割、継承または任命そして解任について規定している。国家元首の解任（第十二条）は、共和国においては憲法裁判所、リヒテンシュタインのような君主国においては家憲または君主一族によって決せられるものとする。共和国の大統領選出（第五条）にあたっては、国民のなかで可能な限り偏りが生まれないような方法を選択する。リヒテンシュタインの憲法では裁判官の選出に当たり既に実行されている方法であるが、これは第四十七条で規定する。

第三章、第十三条から第二十一条では、国民の権利と義務を定義する。リヒテンシュタイン憲法と比較すると、かなりの条文が削除されている。リヒテンシュタイン憲法には、三千年紀の国家の憲法にはもはや不要な条文や規則が多く含まれている。

国会に関する規定が、第四章第二十二条から第三十二条で記されているが、ここでは二五名の議員数を想定している。リヒテンシュタインの経験を考慮すると、これが下限であろうと思う。二五名の議員からなる比例代表制では、政党もしくは政治団体に対して四％の阻止条項を設ける。

将来の国家では、地域コミュニティに高度な自治が与えられるので、国家が各選挙区に分断される多数代表制よりも、比例代表制のほうが優れた方策であろうと思う。さもなくば、一票の格差をなくすために、人口の変動に合わせて何度も何度も選挙区を調整しなければならなくなる。ちなみに、現在、比例代表制を敷く国々がそれぞれ一～十％の間で異なる阻止条項を設けている。

第五章は政府にかかるもので、第三十三条から第三十七条において、本書の第十章一項で述べたように五名からなる政府を想定している。大国でも、国家の役割が制限され、また将来の国家では防衛大臣または軍隊は必要ないものと仮定しているので、この人数で十分である。警察の訓練または装備や、領空ならびに領海の監視は内務大臣の責務である。第十二章で説明したように、それらの部隊は、海外での平和維持活動にも派遣できよう。

裁判所に関する第六章、第三十八条から第四十三条に関連して記しておかねばならないのだが、二〇〇三年に発布したリヒテンシュタイン憲法の裁判官の推薦（第三十九条）にかかる手続きが有効であることがはっきりしている。候補者は、その職業能力を基準に選ばれ、政治的な要素は任命のプロセスにおいては一切無視される。一部にあった懸念に反して、今のところ裁判官の選任委員会と議会との間には何の衝突もなく、また国民も裁判官を選出しなくてよくなった。たくさんの裁判官を任命しなければいけない大国でも、このような裁判官選考委員会は、その役割の一部を手放さなければならなくなるであろう。

第七章、第四十四条と第四十五条は、二つの分野を取り上げている。第四十四条は、地域コミュニティの組織ならびにその役割を規定する原理原則を示している。また第四十五条は、国家およびコミュニティレベルでの、第三者に対する義務を規定している。

第八章、第四十六条から第四十七条では、憲法改正の手続きを規定している。また、君主または大統領の拒否権を制限するために（第四十七条）、君主制を共和制に、また共和制を君主制に転換するための手続きも必要である。直接民主制下では国家元首による拒否権というのは強力であるため、たとえそれが脅かされたり、また発動されたりすることが稀であったとしても、君主や大統領が乱用して、国民の大部分が望んだ国家の根本的な変革を妨げることがないようにしておかねばならないであろう。

第四十七条の第二節で述べているのは、国民が三つ以上の提案から選択を下さなければならない場合の投票手続きについてである。この手続きは、リヒテンシュタイン憲法で既に規定されている。同様の手続きは、共和国における大統領の選出（第五条）および、裁判官の選出（第三十九条第二節）において、国民が三人以上の候補者から選出しなければならない場合を想定している。これは、多数の国民からすれば次善の策だと思われる提案や候補者を第一段階で除外してしまわないようにするためである。三つ以上の提案や候補がある場合、国民は第一段階では最善だと考える選択肢に投票するわけで、この方法によらないと第二段階で適当な妥協案に到達し得なくなってしまうのだ。結果として、極端な案だけが第二段階に残り、国民があり得べき妥協案に辿り着けないという場合がよくあるのだ。投票が一回しか行われない場合や、相対多数決による場合にも同様の問題が起こるであろう。

最後の条文は第九章第四十八条に記される。これはリヒテンシュタイン憲法の条文にもあるもので、憲法裁判所に、あらゆる法、規制、法規条項が新しい憲法に照らして無効であるとする権限を与えるものである。

ここで提案した三千年紀の国家の憲法草案が、さらなる検討を経て新たな憲法の土台ともなり得るし、EUの憲法草案ともなり得る。もっと簡潔明瞭にもなるであろうし、そうすれば国民投票でも受け入れられやすくなるであろう。

EUがこのような憲法を採択すれば、現在の農業補助金や、国家、地域またはプロジェクトに対するさまざまな補助金、各国への還付金など極めて複雑かつ非効率な資金手当ても解消できるであろう。EU域内の豊かな地域から貧しい地域への財源の再分配は、第十章第五項で述べたような付加価値税を通じて行えるし、そのほうがより簡潔かつ公平で、透明性の増すものとなろう。

EU憲法の草案とするなら、さらに草案を書き換える必要があろう。地域コミュニティとしたところを各国に置き換えなければならない。役割分担、立法の権限や裁判制度なども、異なる方法で規制しなければならない。EU加盟国が、憲法草案で記したような地域コミュニティの自治権や直接民主制を自国内で導入すれば、ものすごくダイナミックな欧州が出来上がるであろう。それは世界の他の地域の手本となるはずである。

EU加盟国の多くが共和制であり、君主を戴く国家であっても現在の君主一族に特恵的な地位を与える、という考えは受け入れられにくいであろうから、ことＥＵについて言えば、共和制が適切な選択肢であろう。英国君主は、その歴史ならびにＥＵ内外における大英帝国の重要性などから特権的地位にあるが、英国国民が、ＥＵ域内で英王室に対して自国内以上に強力な政治的立場を与えることを望むかどうかは疑わしい。理想を言えば、ＥＵ加盟国の国民が、君主制と共和制のどちらを望むかを決すればよい。もし君主制を選択するのであれば、次の段階としてどの一族を君主とするのかを決しなければならない。国民が共和制を望むのであれば、四年ごとに誰が大統領になるべきか決めなければならない。

第十二章

将来の国家へ向けた戦略

既存の体制の問題点を指摘し、より良いものを設計することは知的体験としてやりがいのあるものではある。しかし、より良い体制を現実のものとするためには戦略が必要であるし、劣ったAという体制から、優れたBという体制に移行するためには幾つもの戦略が必要な場合もある。多くの人々が現在の体制に囚われているのであり、予見し得ないリスクを伴うかもしれない変化を恐れてもいるという事実を考慮する必要がある。

筆者は政治家の問題点を指摘してきたが、そのような政治家たちこそ、他の国民以上に現在の体制に囚われているのだということを読者には知っておいてほしい。彼らは現在の体制の中で育ち、政治的実績を積み重ねてきたわけで、もし彼らが現在の体制に反対するならば、彼らはそこから追い出される存在となるのだ。政治的な危機が訪れたとしても、政治家や政治家集団が、体制を根本的に変えることができるケースは稀であろう。筆者の一族は、リヒテンシュタイン侯国という小さな国の君主であり、神聖ローマ帝国の政治的寡頭制の一翼を担い、また欧州の寡頭制ネットワークの中にも身を置いてきた存在である。

将来の国家を実現するためには、少なくとも二つの戦略が必要である。ひとつは、間接的ながらも選挙を通じて国民が国会に影響力を持つような、既存の立憲君主国に向けられよう。二つ目の戦略は、選挙を通じて国家の将来に国民が影響力を行使できない国家に向けたものである。民主主義国家での戦略は、少なくとも理論的には簡潔なものだ。まず、国家の政治体制を変革すべきと考える国民の大多数を集めなければならない。そして、選出された政治家たちが、国民の願いを叶えるべく実行する。もちろん、現実はこんなに簡単ではない。たいていの場合、国民は政治などに興味がないし、国民の願いを叶えようという政治家の意欲など限られたものである。

現在の間接民主制は、本書が提案する改革が実行されたら失われるであろう利益を政治的寡頭制にもたらしている。かつての貴族制と同様に、今日の政治的寡頭制では、職や権力を失った政治的寡頭制がその特権のすべてを失わないようになっていることが往々にしてある。かつては、貴族社会に属する家族のネットワークがそれを支えたわけだが、今日では政党のネットワークがその責を果たしている。地域コミュニティにおける直接民主制や自治権がないと、間接民主制は、宗教的正当性を民主的正当性に置き換えた寡頭制に支配される、管理された民主主義であり続けることになる。選挙で国民が選択できるのは、黒か赤か緑か、はたまた青い権力か、というだけだ。絶対的な多数を得る政党がなければ、政党の寡頭制が色の組み合わせを決めることになる。政党間での理念の違いが小さく、寡頭制がプラグマティックであればあるほど、異なる色を組み合わせるのは容易となるのだ。かつて貴族が支配していた時と同様に、政党の寡頭制内に権力と特権とを維持することが主たる目的となるのだ。

しかし、歴史をみれば、国民が突如政治問題への関心を強め、政治体制に変革をもたらしてきた例があることが分かる。そのような場合に備え、新たな憲法の概念が十分に議論され尽くしていることが重要であろう。そのような状況が将来いつくかの国で出来するならば、そのとき本書が幾ばくかの役に立てば本望である。まずは、直接民主制の問題について議論がなされるべきであろう。直接民主制に反対する者は、三千年紀の国家体制についても同意できないことになろう。なぜなら、直接民主制を導入しなければ、古い国家を、国民に資するサービス企業へと転換することはほとんど不可能だからだ。

政治家ばかりでなく、国民の中にも直接民主制に反対する者はいるであろう。彼らは、国民の大部分は国家の将来を決めるだけの知性も道徳的能力も持ち合わせていないので、そのような決定は、それが選挙で選ばれたものであろうとなかろうと、寡頭制なり君主なりに任せたほうが良いと確信しているのであろう。そのような意見も尊重されるべきである。しかし、論理的にはそのような国民であっても間接民主制には反対すべきである。人選の問題よりも、事実に関することのほうが決定が容易であることは経験からも分かることだ。特に、その人選の問題が良く知らない政治家に関係することであったり、空虚な公約ばかりからなる政党の綱領だったりするならばなおさらのことである。平均的な国民は自分たちに直接影響を与える税金の増額または減額を決するだけの知性がないと考えるのであれば、その国民に間接民主制を通じて負担を課すべきではないであろう。そこで残るは見識ある絶対主義となり、君主や大統領ならびに寡頭制が国民の利益になる決定を下すというものだ。しかし、これが長期的に間接民主制下で選挙に勝つための説得力ある政党綱領かどうかは疑わしい限りだ。

直接民主制の利点を信じる人々は、まず憲法を改正すべく政治家を招集すべきである。そして、現在は間接民主制が敷かれている国家で直接民主制を実行する権利を国民が獲得すべきである。これは、スイスとリヒテンシュタインを除くすべての民主主義国家に基本的に当てはまることである。しかし、これは容易なことではない。主要な政治家は、既に直接民主制を敷いている国ですら、それを強化することに懐疑的である。寡頭制による支配に基づく国家において、直接民主制は主要な政治家の政治権力を削ぐことになるのであるから、それも理解できるところだ。

直接民主制を支持する者たちは、もし既存政党の抵抗があまりに強いのであれば、自分たちの政党を設立することも検討しなければならない。新しい政党を立ち上げることはどこの国でも極めて難しいことであるし、時間もお金も、そして相当な忍耐力も必要となる。ただ、新設の政党が短期間に与党となることはあり得ないし、その必要もない。既存の政党に対して、民主化を進めたいと思っている有権者がたくさんいることを示すだけで十分なのである。多くの国家で設立された緑の党が好例であろう。少数ながらも有権者が緑の党に票を投じることで環境問題の再考を促すまでは、長い間その問題は古い政党にとっては興味のないことであった。緑の党の影響力は、それがたとえ小さく、政府に入るほどのものではないとしても、政党の規模を大きく上回るものとなっている。

政党に働きかけることに合わせ、メディアへの働きかけも重要である。メディアと直接民主制との結びつきは自然なものである。直接民主制は、メディアに政治問題を取り上げさせ、問題の解決策を議論し、そして国民投票を通じてそれを実行していく機会を与えるものである。

立憲民主国においてメディアが重要な役割を担っているにもかかわらず、これまで本書がメディアに言及せずにいたことに驚く読者もいるであろう。その主たる理由は、将来の国家はメディアに関係すべきではないと考えているからだ。国営のラジオやテレビ、またはメディアに対する補助金があると、政治家はメディアに影響力を行使する可能性がある。国家は、あくまでメディアが機能できる法的枠組みを構築することに自らを限定すべきである。それには、ある一定の水準でのプライバシーの保護や、誤った報道を然るべき時間内に訂正することを求める権利などが含まれよう。

知性とモラルを欠いた内容のメディアが多過ぎるという批判はまっとうなものであろうが、メディアは我々の社会の鏡である。メディアは本質的に、大衆が読みたいもの、聞きたいもの、見たいもの、つまりセンセーショナルな出来事やエンターテイメント、ゴシップやセックス、犯罪などを伝えるのだ。だからこそ、我々はほとんどのメディアがエンターテイメントばかりで、何の情報も伝えない事実を受け入れるべきなのだ。残念ながら、政治的、商業的理由から合理的でさえあれば、意図的に誤った情報を提供するメディアもある。そのような誤った報道の犠牲となった個人的経験からしても、メディアに訂正を求めるには長い裁判を経なければならない。しかし、このなんとも残念な状況も、メディアが政府や政治家の厳格な支配のもとに置かれることよりはましであろう。直接民主制と政治の分散が図られれば、メディアの様相もより多様なものとなるのではないであろうか。少なくとも、スイスやリヒテンシュタインには、規模こそ大きくとも間接民主制と政治的中央集権化が進んだ国よりは、多様なメディアが存在している。

過去数十年にわたる民主主義国家の政治的展開をみていると、直接民主制がゆっくりと、しかし着実に地歩を固めていることが分かる。国民はさらなる民主化を求めているし、政治家たちは直接民主制を制限することには成功しているにしても、その流れに全面的に逆らうことはできないようだ。この直接民主制に向けた流れを強化するには、すべての民主主義者が政治家、政党そしてメディアと緊密に協力して取り組んでいかねばならない。

直接民主制を巡る第一の戦いに勝利してはじめて、将来の国家を実現するための次なる一歩が踏み出せるのだ。本書ができることは、将来の国家がいかなるものかを描き出すことだけだ。そのような一歩を踏み出す意欲のある国家は、さまざまな分野の専門家からなるチームを作り、地域の要望や伝統を尊重した憲法を作り上げなければならない。国家や国民はさまざまなのだ。ある国家で上手くいったことが、別の国家でも最良の解決策になるとは限らない。リヒテンシュタイン侯国の国民は世襲君主制を望んだが、お隣スイスの国民は共和制を望んだ。筆者が二〇〇〇年にプリンストン大学にリヒテンシュタイン自治研究所を設立したのは、将来、この研究所が自治という概念を発展させるに当たり有効な助言を為し得るようになれば良いと願ってのことだ。これまで、ウォルフガング・ダンスペックグルーバー教授の指揮のもと、素晴らしい教授陣と研究者、そして世界のさまざまな地域と文化をバックグラウンドとして持つ著名な専門家たちのネットワークが築かれ、プロジェクトの発展に寄与してくれている。

三千年紀の国家で成し遂げられるべきは、憲法発布だけではない。法律も、さまざまな法的、行政的分野に合わせて適応したものとしなければならない。さまざまな国家で適用されている法律でちょっとした改正で済むものもたくさんあるが、根本的に書き換えなければならないものもある。リヒテンシュタイン自治研究所では、教授、学生そして専門家の国際ネットワークの協力のもと草案を作り上げることができるであろう。研究所は、本書で論じるような個別の法律の草案だけでなく、国家概念や憲法草案に関するアイディアも歓迎している（Liechtenstein Institute on Self-Determination, Bendheim Hall, Princeton, New Jersey 08544, USA, email: lisd@princeton.edu）。

立憲民主国は、平和裏に、革命などなく、政治家ではなく国民に資するサービス企業へと国家を転換するための規則を自由に設定することができる。そのような民主的制度を持たない国や、その場しのぎに我が国は立憲民主国なりと言うためだけで、机上の空論のような制度しかない国家では難しいであろう。ドイツ民主共和国は、民主制を自称していたが、その実態は収容所であった。その収容所のドアが開いた時、人々は労働者と農民の楽園から解放されたのだ。

過去において民主主義国家は政治的現実主義、便宜主義に導かれて独裁制へと進んでいくことが多かった。多くの場合、最も悲惨な人権の蹂躙が行われても、それらの国家との緊密な協力が絶たれることはなかった。むしろ、事実は否定され、なかったことにされてきたのだ。左翼の政治家やメディアは、左寄りの独裁者が行った暴力には口をつぐみ続け、右翼は右寄りの独裁者に物申すことはない。立憲民主国が独裁者に対して軍事的に介入するのは、ヒトラー麾下の第三帝国やサダム・フセインのイラクに対するように、それらの独裁者が他国に侵攻するのを待たなければならない。旧ユーゴスラビアのように、国民の多くが殺害され、排斥されるなど深刻な人権侵害がある場合に、独裁制に対して軍事介入した事例もたくさんある。軍事介入が有効であったろう事例も多々あるが、立憲民主国は、特にアフリカにおいては、ただ傍観し、もはや何千もの罪なき人々を救うことができなくなるまで待つばかりであった。

第二次大戦をはさんで、米国は現地の独裁者を打倒し、米国型の間接民主制を導入させるために、何度も何度も中南米に軍事侵略したことを忘れてはならない。その試みのほとんどが無残に失敗し、汚職にまみれた寡頭制と独裁者は権力を取り戻している。

深刻な人権侵害や大量虐殺に対して、立憲民主国は静観すべきか、介入すべきかを決せねばならない。グローバル化し、電子的に統合され、観光や貿易、サービス業などで個人間の接触が激増した世界において、立憲民主国の政治家が静観を決め込むことは難しくなってきているであろう。七十年前であれば、母国では命の危険があるユダヤ難民を送り返す、などということも可能であったかもしれない。今日でも、アフリカやアジアに難民を送り返すことはできる。問題は、それがいつまで可能なのか、である。メディアが世界的に統合され、グローバル化した世界で個人的な関係が増大したことで、そのような人々を救えという世論は強まっている。一方、独裁制を軍事介入を通じて民主的で、憲法を持つ、経済的に成功した国へと作りかえるための有効な処方箋は今日に至るも存在していない。

第二次大戦後、ドイツと日本とが間接民主制と優れた市場経済とを持つ立憲民主国へと見事に転換したことは、何らかの原則があることを示す例外だと言える。ここで見過ごしがちなのは、世界経済が崩壊し、国家社会主義やナショナリズムが台頭するまで、ドイツも日本も間接民主制であり、程度の差こそされ市場経済が上手く機能していたということだ。一九二九年の世界恐慌は、ナショナリズムの大波を呼び起こし、保護主義の海が経済観を飲み込んでいったのだ。国際的な貿易は崩壊し、経済危機は悪化の一途を辿った。大国のなかで、ドイツと日本の被害は大きかった。よく指摘されることだが、どちらの国も天然資源に恵まれず、他の大国よりも貿易への依存度が高かったのだ。どちらも植民地帝国を持たず、それゆえ、他国との貿易への依存から独立すべく侵略戦争を求めるナショナリズムのイデオロギーが巻き起こる。

連合国は軍事的勝利を収めると、ドイツと日本の政治的立場を、国粋主義的独裁者が台頭する以前の状況に戻した。しかし、その後に起こる軍事介入や植民地解放は幾つかの例外はあれど、上手くいかなかったと言わざるを得ない。遅かれ早かれ、汚職にまみれた独裁者や寡頭制が権力に復帰し、ナショナリズムや社会主義のイデオロギーを通じて地上の楽園を実現するという約束のもと立憲民主国と市場経済とを破壊していった。第二次大戦後、伝統的な立憲民主国もナショナリズムや社会主義イデオロギーの影響を受けたのであるから、同じ薬、つまり間接民主制による国家が人々に地上の楽園をもたらす、という処方がなされてきたのだ。これは、九十%以上の割合で薬は致命傷となり、治癒の可能性は十%に満たないという事実があるにもかかわらず、何十年も同じ薬を患者に処方し続ける医師のようなものだ。そんな医者はとうの昔に医師免許をはく奪されているか、民事または刑事罰を受けていることであろう。

伝統的な立憲民主国は、その「薬」は致命的でしかないことが何十年にもわたって証明され、一方で、静観することすらできないような「患者」がいるという事実を受け入れなければならない。立憲民主国の国民が、他国の罪のない人々が大量に殺害されていることを伝えるテレビ報道を見て、感情を動かされることも、介入を求めることもなくいるとしたら、そんな立憲国の状況こそ心配しなければならないであろう。自国内で嫌われているマイノリティが虐殺されているとしたら、彼らはそれを静観するであろうか。グローバル化した世界においては、立憲民主国の国民は、人々が排斥され、抑圧され、また虐殺されている独裁国家に対して介入するよう、ますます政治家に圧力をかけるようになるという事実を考慮しなければならないであろう。情熱に満ちたスピーチや、祈りそしてちょっとした制裁措置は、誰も傷つけることもないが、長期的には大した役には立たないであろう。単純にすべての難民を受け入れることも、解決策とはなり得ない。

理想を言えば、どのような状況となったら国連加盟国は軍事介入を受けるのか、また介入の後、民主的で、法の支配に則り、経済的に成功する国家が築き上げられるにはどのようにしたらよいか、立憲民主国が国連の枠組みのなかで意見の統一を図るべきである。そうなれば、政治的、経済的難民を生み出すこともないであろう。だが、筆者が悲観的に過ぎるかもしれないが、予見され得る将来、国連の枠組みのなかでそのようなコンセプトが作り上げられるとはどうしても思えないのだ。

それゆえ筆者は、議論の余地もあるであろうが、代替案を提案したいと思っているのだ。筆者は学生のころから、政治的に物議を醸すような主張を展開してきたし、国家元首としてある間もそうしてきたので、政治の現場から身を引いた今となっても論争を恐れるものではない。筆者の経験では、物議を醸すような議論こそ、外交的に過ぎるそれよりも良い結果を生み出すものだ。筆者の提案よりも良い解決策を見出す者がいれば、なおさら良いことであろう。

現実的には、比較的短期間に大規模な軍事介入を遂行するだけの軍事的、財政的、政治的能力を持っているのは、最後の超大国である米国だけだ。近年でも、米国はイラクでそれを示し、難しい環境下でも短期間に軍事介入を成功させている。軍事的視点からいえば、連合国は不要なのだ。実際のところ、連合国は軍事介入を複雑なものにするだけのことであろう。また、軍事技術が急速に発展しているので、各国が軍事的に協調するのも困難になっている。それゆえ、純粋な軍事面については米国に委ねてしまったほうが良いと言えよう。そして、他の立憲民主国は、軍事介入後にその国を政治的、経済的に安定したものへと作りかえることに集中すれば良いのだ。

これは、米国政府だけが大規模な軍事介入を行うかどうかを決することを意味するが、実際には既にそうなっている。他国へ軍事介入するだけの能力を持っている立憲民主国のほとんどが、多かれ少なかれ、軍事技術、軍事情報ならびに兵站を米国に依存しているのだ。米国の意に逆らって、立憲民主国が他国に介入するのはますます難しくなるであろう。英国、フランスそしてイスラエルがシナイ半島とスエズ運河を占領した一九五六年当時ですら、既にそうだったのだ。米国の圧力により、彼らは撤退せざるを得なかったのであるから。

いつ、どこへ、どのように軍事介入するのかは米国次第だとなれば、この問題について多くを語ることは控えよう。しかし、米国による軍事介入も、結果的に、機能する立憲民主国を建設できてこそ長期的には成功だと言えるであろう。それゆえ、米国は、どのような状況になったら軍事介入を行い、介入の後、何をするべきかを事前に他の立憲民主国と合意しておくべきであろう。人権を軽視する独裁者に対しては、そのような合意がなされ、公表されるだけでも抑止力となろう。独裁制における人権侵害が深刻なものであれば、彼らは多かれ少なかれ自動的に軍事介入の審判を受け、立憲民主国へと国を作りかえなければならなくなるのだ。

イラクのような国に対する軍事介入と、その他の任務とを分離するのはそれ相応の理由がある。高度に機甲化した米国の特殊部隊は、自軍の犠牲者を最小限に抑えながら可能な限り早急に敵陣を壊滅し、領土を抑え、戦術的戦略的目的を達成するよう訓練されている。そのような軍隊を国民は初めのうちこそ解放者として歓迎するであろうが、外国の軍隊には、法や秩序を維持し、立憲民主主国を建設し、世界経済に統合されるような効率的な市場経済を創設する能力もなければ、その訓練もされていないことは歴史が示している。軍事指導者としての米国は軍事介入が成功した後はできる限り速やかに撤退し、その他の役割はパートナーに任せてしまうべきである。

ＥＵは市場経済に基づく立憲民主主国を建設する役割を担うパートナーとなり得よう。旧宗主国のほとんどが、今やＥＵ加盟国となっている。これらの旧宗主国を通じて、ＥＵはすべての大陸において多様かつ幅広いネットワークを活用することができる。世界的にみれば、ＥＵは最大の貿易圏であるし、ユーロは米ドルに次ぐ主要通貨となっている。ＥＵは、非加盟国でも欧州経済領域（ＥＥＡ）の枠組みに入ることができる法律を制定している。ＥＵは、膨大な費用ばかりかかり、軍事的価値は疑わしく、結局のところ米国に依存することになる加盟国個別の軍隊を維持するのではなく、懸案となっている国を軍事介入後速やかに立憲民主主国へと作りかえる支援をするような新しい力となることを目指したほうが妥当なのではないであろうか。

では、そのような役割を担う部隊とはどのようなものであろうか。まずは、戦闘終了の直後から法と秩序を維持できる極めて機動性のある警察組織が必要であろう。広い領域を支配するためにはヘリコプターや監視用ドローンも必要である。その地域の状況だけでなく、地域住民の言葉を解する人材も必要である。地元の警察組織を訓練する部隊も必要である。独裁制下で訓練され、使役されてきた警察組織を立憲民主国でも利用するのであれば、再訓練が必要だ。その国の対外安全保障を米国や他の立憲民主国が保障するのであれば、その国の軍隊は解体され得る。そのような国家にとって軍隊は経済的負担であり、若い民主国の国内政策には脅威ともなるし、隣国にとってもそうである。解体された軍隊の隊員には、然るべき再訓練の後に新しい警察組織に加わる機会が与えられる。こうすることで、武器の扱いに慣れた軍人が職を失い、国内外のテロリスト組織の人材プールとなることを防ぐことができる。

それらの国家の法と秩序を維持するための警察組織に加え、立憲民主国の基準を満たす憲法と法律とを作る必要がある。つまり、軍事介入を行う以前から、新たな憲法は徹底的に検討されるべきであるし、既存の法律も適用されるべきである。その国の国民である弁護士もアドバイザーとして働いてもらうべきであろう。多くの場合、政治的敵対勢力に近く、それゆえ追放の身となっている人物がいるはずなのだ。追放されている反対勢力はしばしば分裂しており、国民全体を代表し得ないので、彼らが新しい憲法や既存の法律の適用について最終的な判断を下すべきではない。それらの判断はEUまたは、法と秩序を維持し、立憲民主国を建設する責務を負った他の立憲民主国に委ねられるべきである。軍事介入が行われるかどうかを決定する前に、新たな憲法や法律を公表しない理由はない。一方でこれが、独裁者に改革を迫る圧力を強めることにもなろう。

　独裁制では、民主国家であればコミュニティや地域または民間企業が引き受けるような多くの役割を国家が担っていることが多い。それゆえ、憲法や法律は本書が記したような将来の国家に対応したものに作りかえるべきであるし、そうしなければ、新しい立憲民主国が法の支配を維持し、経済的に成功するのは難しくなる。それを達成するためには、暫定的な規則を設けることも必要だ。国家が没収していた財産も、元の所有者に返還されるべきである。それができないのであれば、すべての国家財産を売却して得られる資金から補償されるべきであろう。

　警察、憲法そして法律は立憲民主国の一側面でしかない。立憲国には、独立した裁判所と優秀な裁判官とが必要である。文化的にも言語的にも多様なEUは、独立した裁判官としても、指導者としても活躍できる弁護士チームを長期にわたり派遣することができる。それらの法律チームが最高裁の決定を綿密に観察することも大切である。たとえ最良の憲法や法律が制定されても、裁判所の判断が稚拙なものであれば、知らず知らずのうちに効果が失われていくものなのだ。

　安全保障と法律の問題に加え、経済の安定化と新しい立憲民主国の発展においてもEUは重要な役割を果たすことであろう。経済の安定と発展を促すひとつの方法として、新しい国家をEEA（現在の加盟国はEU加盟国、アイスランド、リヒテンシュタインならびにノルウェーである）に加盟させる、というのがある。こうすることで、新しい立憲民主国は、欧州市場全体に自由にアクセスできるようになるし、EUの経済規制を導入することにもなる。EUやEEAの専門家が新国家の行政組織に助言を与え、それらの規制を導入する方法を伝えることもできる。経済的視点に立てば、これは新国家にとっても、EUにとっても利益となるであろう。EUは、新国家の市場にアクセスできるようになるし、だからといって、EUへの加盟を認める必要は必ずしもない。EU加盟は地理的には適当だとしても、政治的に難しかったり、農業やその他の分野での補助金などEUが多大な費用を背負わねばならない場合がある。

EEAは、創造的かつ柔軟な経済的方策を提供する。リヒテンシュタイン侯国はEEAに加盟しているが、スイスは加盟していない。一方で、リヒテンシュタインはスイスと関税同盟を締結している。EUの仕様を満たした商品はリヒテンシュタインの市場で自由に販売されるが、それがスイスの仕様を満たしていなければ、リヒテンシュタインからスイスへ輸出することは許されない。一方、スイスの商品はEUの仕様に適応していないため、EUに輸出することはできないが、リヒテンシュタインでは何の問題もなく販売される。さまざまな仕様に適応した商品やサービスをひとつの市場で販売することができるということは、欧州域外のEEA加盟国にしてみれば、リヒテンシュタイン侯国にとって以上に重要なことであろう。彼らにしてみれば、EU非加盟国との地域貿易はとても重要なものである。

では、立憲民主国を建設するという役割を果たすために、EUの部隊はどのくらいの規模になるであろうか。イラクの国土と人口とをひとつの例にするならば、警察、裁判官、その他専門家からなる部隊として、可能な限り速やかに法と秩序を回復するためには二十万人は必要であろう。

これは、人口千人当たり十名の人材が必要だという計算だ。千人当たり二十五名は必要だという専門家もいるが、経験からすると、人口千人当たり十名以下の部隊を組んだほうが上手くいっている。上手くいくかどうかは、人数ではなく、介入の政治的目標であり、戦略であり、指導力であり、全部隊の能力と装備であり、そして地形に依存する。しかし、初めのうちはイラクの時と同様に大きめに見積もっていたほうが良いであろう。

部隊のうち、警察が占める割合は極めて大きなものとなろう。しかし、地元の警察組織が機能するようになったら、速やかに削減できる。他の専門家たちがどのくらい駐留しなければならないかは、経済的に安定した立憲民主国を建設するのにどのくらいの時間がかかるかによるであろう。裁判所は、かつての独裁制が犯した行為が犯罪に当たるかどうかという極めて難しい問題に取り組まなければならない。古傷を刺激したり、復讐を煽ったり、犯罪者が殉教者扱いされないよう、多大な気を配る必要がある。このような場合、地元住民たちは、前体制の裁判官よりも、海外から来た裁判官の客観性を信頼するであろう。

およそ二十万人からなる部隊を、EU加盟各国のより巨大かつ高価な軍隊と比較すれば、財政的にも、人的にも負担は小さく、今日の世界により良い影響を与えることは明らかだ。EUが主導する部隊の構成員を主に第三世界から徴用すれば、費用はさらに削減できる。第三世界出身の人々に訓練を施せば、母国に戻った時には有用な人材となっているという利点もある。派遣される可能性が高い地域から人材を徴用することができれば、部隊は国際的な彩りを持つことにもなる。米国との緊密な連携が不可欠である以上、そこで使用される言語は英語となろう。部隊はさまざまな地域で活動するのであるから、言語力は重要だ。理想をいえば、部隊の各構成員は、英語以外に少なくとももうひと言語話せるのが望ましい。

イラクにおいて、このような部隊が利用できたとしたら、何が変わったであろうか。軍事介入を行う何年も前に、新しい憲法が検討され得るし、法律も適用されていたかもしれない。さらに、それらはすべて公表されていたであろう。イラクからの難民は徴用され、警察官、裁判官または弁護士としての訓練を施されていたかもしれない。軍事介入が始まると、ＥＵの部隊は、米国の軍隊が平定していった地域に入り、法と秩序を導入する。国民はメディアや小冊子などを通じて、自分たちの権利と義務、米国の軍隊やＥＵの警察力に関するそれを知らされることであろう。ＥＵが民主主義国家の建設を望むのであれば、国民には自国のそれと同様の権利を与え、警察組織や米軍の越権行為を防ぐこともできる。

ＥＵの警察部隊が管理する地域では、国民は即座に登録され、居住地を含む個人情報を記載した偽造対策済みのＩＤカードを配布する。そして、戦闘が終結したら、可能な限り速やかに、安全な地域において地方選挙を行う。安定的に機能する民主主義はボトムアップ、つまり下から築かれるべきものであるから、この地方選挙は第一歩として重要である。立憲民主国としての実績もなく、また独裁制がそのような構造を破壊してしまった国家においては、とりわけ重要であろう。地方選挙を通じて、ＥＵは国民の支持を獲得しているパートナーを得ることになる。国会を組織すべく一般選挙を行ったり、憲法会議を開こうとするなどトップダウンに民主主義を構築しようとすると、旧体制や新たな寡頭制が政治権力を奪い取る可能性をもたらすことになる。それでは、国民に資する国家ではなく、寡頭制に資する国家となり、最悪の場合、ＥＵの部隊が撤退した後、独裁制に舞い戻ってしまう。

この方法によれば、イラク国民に、その広い領土のなかで民主的正当性を持った地方行政を即座にもたらすことになる。クルド人やシーア派が多い地域とともに、スンニ派が多数を占めるより大きな地域においても可能であろう。しかし、現実には異なる対応策が取られてきた。何年も前に法の支配が破壊された国家での戦闘が終結した直後から、優れた軍事訓練を受けながらも、警察力としての訓練を受けていない軍事組織に、法と秩序を維持することを求めてきたのだ。そのような場合、解放軍はあっという間に占領軍と化すのだ。イラクのかつての独裁制を支持する者たちにとっては、過激派と連動して、武力抵抗を組織することも容易となろう。

イラク解放直後から法と秩序が崩壊したことに加え、同情と信頼とが急速に失われたのは、多国籍軍が破壊されたインフラの重要な部分を修繕することができなかったことにある。計画段階で、ＥＵ部隊は米国との緊密な協力のもと、インフラの状況を広く検証し、戦争による損害を予測し、どのように改善させるかを検討することができたであろう。戦争による被害を回復するだけでなく、輸送や通信ネットワーク、水道や電気の供給などちょっとした労力でインフラを改善することだってできるのだ。難民が発生する可能性とともに、彼らをいかに世話し、収容するかを早期に計画することも重要である。

地元企業や労働力をどの程度活用するかも、計画段階で検討すべきことである。地元経済が立ち上がるのが早ければ早いほど、テロのネットワークが組織されたり、ゲリラ戦が起こったりする危険は小さくなる。イラクのように、軍事訓練を受けた人々が多く失業している場合、その失業率の高さが、地元や海外の過激派が、法の支配にもとづく経済的に成功した民主主義国を建設するのを遅らせたり、邪魔したりするのを助けることになる。軍事介入を成功させるためには、国民にかつての独裁制よりも環境が改善したことを一日も早く見せつけなければならない。これは、第十章や第十一章で述べたような国家の枠組みが最初から形作られてのみ可能なことである。

国会や政府を組織するための一般選挙に先立って、ＥＵの部隊は、たとえ国民の大多数には不人気だったとしても、国営企業を民営化しなければならない。この場合、国家財産の売却から得られた資金は、国債の償還に充てるのではなく、第十章第二項で記したような積立式の年金制度に充当すべきである。非人道的な独裁者とビジネスをしたり、信用を供与していたような者たちには、当然リスクがあり、貸付は返ってこないかもしれないということを知らしめる必要がある。

国営企業、特にインフラの民営化を急ぐのには別の理由がある。独裁制では、国営企業というのは往々にして独裁者の仲間や支持者たちを雇用し、利益を与えるために利用されている。残念ながら、独裁制に限ったことでもないのであるが。さらに、経営がしっかりしている近代的な企業であることなどめったになく、そのような企業を生かしておくことは経済の発展を遅らせるばかりか、阻害することにもなる。一般選挙や政府が組織されるまで民営化を放置すると、国営企業に残ったかつての独裁制支持者たちが、たとえ正直かつ有能な人物だったとしても、どちらの取り柄もない新政府の支持者と入れ替えるためだけに解雇されることになる。

地方選挙を開催し、地方行政が機能し始め、新たに鍛えられた警察や裁判官がその責を果たすようになってはじめて、議会選挙を行い、立法府を任命することに意味がある。それまでは暫定政府を構え、EUの代表者たちと緊密に協力していかねばならない。

提案したモデルをイラクで実行に移していたとしても、EUの警察部隊が、いわゆるスンニ・トライアングルにおいて、然るべき時間内に、然るべき費用で法と秩序とを回復させるのは難しかったであろう。地域住民の支持があれば、都市部または地形の複雑な地域でテロ行為やゲリラ戦を仕掛けることが比較的容易であることは経験からも分かる。そのような状況での最善の戦略は、地域を分断し、テロ行為が他の地域へと拡散するのを防ぐことであろう。もちろん、難民にもその地域を離れるチャンスがあるし、人道支援も厳格に取り込むべきである。ヘリコプターや監視用ドローン、その他のハイテク機材を装備した機動力ある警察部隊が、米国の軍隊の支援のもと、それらの地域を分断することはできよう。支配が容易な地域から徐々に占領していき、テロの中心地を孤立させ、難民に帰還の可能性を与えることが目的である。しかし、すべての地域で法と秩序を回復し、地方選挙を実施するまでには長い時間と忍耐力とが必要である。

ある地域が他の地域よりも時間がかかるからといって、立憲民主主義国建設に向けた動きを緩めたり、止めたりするのは誤りであろう。一定の時間内にスンニ・トライアングルの一地域に法と秩序とを回復することが不可能なのであれば、その地域はイラクの他の地から分断しておかなければならない。国内のもっと安定した地域において、国会の選挙を開催したり、政府を任命すれば良い。外交政策と法と秩序の維持に責任を持つ将来の国家は、一歩一歩実現されていくのである。この一連のプロセスが良好な結果をもたらすまで、EUの部隊は最後の警察部隊や裁判官を引き上げ、地域コミュニティに自治を与えるべきではないのだ。イラクのクルド人たちは政治面やその他の理由によって常に分断されていたからといって、将来の国家では彼らが国を去る理由はないのだ。ナショナリズムや社会主義のクルド国家の一部となることを恐れるクルド人の多くは、将来の国家の民であり続けることを望むかもしれない。

政治的、経済的に繁栄したイラクは、世界経済に統合され、EEAにも加盟し、かつては民主主義も法の支配も不可能であったスンニ・トライアングルの人々にとってもまずまず魅力的なものとなるであろう。海外からの人道支援に頼るばかりで、人々に将来を約束できないのであれば、テロリストに対する支持もなくなるであろう。

いかなる介入を行うにも、事前に最長の期限を決するべきだとの意見は多い。根本的な問題は二つの要素からなっている。ひとつは、第十章や第十一章で述べたような、近代的、民主的、経済的に繁栄した立憲国を建設するには何年もの時間がかかる。もうひとつは、設定する期限は長すぎてはいけない。長過ぎると次に挙げるような新たな問題が沸き起こるからだ。

一、介入が長過ぎると、国内の改革派の力が弱まり、事実上EUの植民地のようになってしまう。

二、失敗するケースによくあることだが、明確な期限を設定しないと、民主化に反対する勢力が強まる。EUの多くの国がかつては宗主国であったために、それが正当性を欠くものであったとしても、すぐに植民地化の批判に晒されることになる。反民主化勢力は、宗教やナショナリズムなどのイデオロギーを通じて自らを正当化しようとする。

三、期限を設定することで、立憲民主主義国を建設する過程で、国家を維持しようとする政治勢力にEUと協力することを強いることができる。さもなければ、自治権を認める結果として国家は分裂を余儀なくされてしまうからだ。

四、何年かけても成功しない介入はEUの資源を無駄遣いすることになる。さらに、将来の派遣に対する加盟国の政治的支援も弱まることになる。

五、事前に期限を決めておけば、そのなかで失敗に終わった介入でも、失敗を分析し、コンセプトを見直し、改善を施す機会を得られることになる。

米国とEUとが最初から十分な人的、物的資源を投入すれば、いかなる介入も四年以内には第一段階を終了することができるであろう。イラクの例に戻れば、二十万人の兵士をもってすれば、純粋な軍事介入を成功裏に終わらせることもできたであろう。EUがさらに二十万人を投入すれば、法と秩序をもたらし、警察力や裁判官を訓練することもできたであろう。米軍は、地方選挙が行われた安全な地域から撤退し、いまだ治安が悪く地方選挙を行えずにいる地域へと展開することができたであろう。この四年のうちに、破壊されたインフラも復旧し、四年の期間が終わるまでには、他の国営企業とともに民営化するための改良も行えたであろう。

第一段階が成功裏に終えられれば、米軍は撤退し、全国的な議会選挙が開催される。第二段階では、民主的な正当性を持った政府が作られ、EUの支援を受けながら、第十章で述べたような国民全体を利する国家となっていくであろう。この第二段階が終わるまでに、国民には地域レベルでの自治権を行使し、連邦国家から離脱する機会が与えられる。もし、数カ月以内に権利が行使されなければ、EUはその警察部隊と裁判官とを引き上げ、法と秩序にかかる責任を徐々に新しい、民主的な正当性を持った政府へと移管していく。

第二段階の間に、連邦国家から離脱する意思を表明した地域コミュニティ、都市、地域があるのであれば、その決定を尊重する。立憲民主主義国と市場経済という原理原則を拒絶する地方自治体などが出てくる可能性はある。そのような要望も尊重されるべきであるが、その場合EEA

への加盟はもはや不可能となる。そのような場合、EUや他の組織、国家による援助プログラムも停止させなければならないし、限られた資源は立憲民主国と市場経済という原理原則を奉じる地域に集中させることになる。

第二段階は、第一段階と同様に四年以内に結論を出さなければならない。介入が成功すれば、経済的にはEEAに統合され、国内の治安に責任を持つ民主主義国が幾つか出来上がることになろう。米国またはEUが対外安全保障に責任を持つ。イラクのような国家が、クルド、シーア、スンニと地域に分かれてしまった場合には、その保障が極めて重要性を持つことになる。

EUが次の四年間でこの手の介入をどうにか実現できるとしたら、かなり前向きな発展であろう。ボスニア・ヘルツェゴビナの例は、規模は小さく、地理的にはEUに近く、いまだ成功をみていないが、軍と警察の特殊部隊を組み合わせ、EUへの加盟の可能性を通じて何が成し遂げられるかを示していよう。「侵略された」国家の国民は幸福で、米国も面子が立ち、EUは経済的、政治的成功の範を世界に示すことになる。

NAFTA（北米自由貿易協定）やASEAN（東南アジア諸国連合）などの経済協力体も、それらの組織への直接または間接的な加盟を提示することで、それらの国家の経済的再構築に手を差し伸べるかもしれない。リヒテンシュタイン侯国の例が示すとおり、EEAに加盟したからといって、工業製品やサービスに異なる仕様を求める他の経済共同体への加盟ができなくなるわけではない。

しかし、長期的には、そこでの人権が蹂躙されているにもかかわらず、軍事的介入がさまざまな理由から不可能である国家が存在し続けることであろう。旧ソ連のように、人権を侵害する独裁制がさらに拡散しないよう支援することで、自らを納得させなければならない立憲民主主義国もあるであろう。

ソ連のように、遅かれ早かれ、根本的な改革を成す意欲のある指導者が登場する期待は常にある。本書が記す将来の国家像は、政治的指導者たちに、国家を破壊するのではなく、改革する大きな可能性を提供するのだ。それはゴルバチョフの改革で行ったことのように。

この新国家像は、西側の先進国よりも、途上国のほうが実現しやすいであろうことは理解できる。欧州や米国の国家体制を第三世界に移植するのは、ほとんどの場合上手くいっていない。新国家像を導入することで、第三世界は失うものはなく、得るものが大きいのではないであろうか。

発展の遅れた地域が、根本的な改革を成し、新国家像を導入することで、高度に発展した地域を飲み込んでいった例は歴史上いくつも存在する。ペルシャや古代ギリシャ、ローマ帝国に二千年紀の欧州、または十九世紀から二十世紀にかけての米国や日本を思い浮かべるだけでも十分であろう。三千年紀のグローバル化した世界では、まるで自由なグローバル化した市場経済で企業が競争しているかのように、過去よりも早く、そしておそらくは平和的に展開していくのではないであろうか。

第十三章
三千年紀へ

不可思議な生物がこの惑星に歩を記した。猿や他の動物と何らかの遺伝的関係を持つも、根本的な点で他の動物とは全く異なる、この人類という生物はその後五億年にわたりこの惑星で生を営んできた。人類は、遺伝的にも、また行動面でも環境に適応しなければならなかったわけだが、南極大陸を除くあらゆる大陸、気候帯にものすごい勢いで拡がっていった。遺伝的には適合しない地域においても、人類は自らの必要を満たすために、即座に環境への適応方法を学び、悪天候から自らを守るために家やボート、衣服を作った。肌の色の違いに騙されてはいけない。肌の下は、オーストラリアからグリーンランドに至るまで人類にはほとんど違いはない。アフリカのひとつのジャングルに生息するチンパンジーの二つの群れにみられる遺伝子的違いのほうが、エスキモーとオーストラリアのアボリジニーとの差よりも大きいらしいのだ。

国粋主義的なイデオロギーを唱える者たちも、グローバリゼーションに反対する者たちも、人類をさまざまな人種に分類したり、遺伝子や財、サービスの交換を防ぐよう保留地を構築したりしようとする前に、このことを記憶に留めるべきであろう。次々とデモンストレーションを行うために飛行機で地球を駆け巡っているグローバリゼーションの敵たちは信頼を欠いている。良識ある理想主義者が多いことはたしかであろうが、人権を無視した危険なイデオロギーに触発された二十世紀の若き理想主義者たちと同様に、彼らの行動は、自分たちが望むものとは正反対の結果をもたらしている。人種の違いを強調して、紛争を引っ掻き回すのではなく、我々には共通点があることを強調し、すべての人々が平和に暮らし、自由を謳歌し、そして繁栄することができる方策を探すべきである。

好むと好まざるとにかかわらず、我々人類は大きな家族であり、喧嘩も絶えないが、互いに愛し合う存在である。意見の相違や諍いは常にあるが、それが必ずしも殺人や戦争に結びつくわけではない。仏教、キリスト教そして他の主たる宗教が、敵に対してもあたかも隣人や家族のように振る舞えと長きにわたり教えている。何百年、何千年も前に偉人たちが善としたことは、グローバリゼーションと急速な技術革新が進む今日においてはなおのこと真、であろう。人類の歴史の多くが殺人と戦争とで形作られてきたが、そのような振る舞いにはもはや耐えられなくなっている。一方では、現代の運輸や通信は人類をより密接にし、一方では現代の技術によって、より小さな集団でも最も陰惨な武器に手が届くようになっている。

歴史を巻き戻すことはできない。人類は、十九世紀や二十世紀のイデオロギーは cul de sacs、すなわち、もはや行き場を失っていることを一日も早く認識しなければならない。人類が長期的に生き残りたいのであれば、この行き詰まりを打破しなければならない。まずは国家を寡頭制や君主に資するだけではない、平和的なサービス企業に作りかえることから始めよう。

この変革が成功するためには、法の支配と間接民主制、国土の独占を持った伝統的な国家を築くだけでは不十分である。この体制は過去二百年にわたって失敗しているのだ。どうにか機能している場合ですら、国民は国家のために働いているかのようであり、決してその逆ではない。国家を半神半人のような存在から、国民に資するサービス企業へと転換させるには、間接民主制を直接民主制に取って代え、国家による国土の独占を地域コミュニティレベルでの自治権を認めることで打破することが必要である。

これをユートピアのように考える人は多いであろうし、法の支配による民主主義とはかけ離れた国家に暮らす人々にはなおさらのことであろう。しかし、かつて描いたビジョンが現実のものとなったことも少なからずあるのではないだろうか。人々は農耕時代から続く国家体制に是が非でもしがみつくであろうか。確実なことがひとつある。三千年紀において、農耕時代の国家体制は遅かれ早かれ消滅し、また狩猟採集社会の国家体制も消え去るであろう。問題は、平和的に消滅するのか、大量破壊兵器を伴う戦争によって消滅するのか、ということだ。

狩猟採集社会は食べていくために広大な領土を必要とするが、農耕時代になって必要な領土は著しく縮小した。農耕時代以前、すべての人々が生きていくために食糧を探さなければならなかったが、農耕時代の終わりには、一人の農夫が九九人を食べさせることができ、生産性が向上したことで必要とする土地もどんどん小さくなっていった。この流れは終わっていない。この惑星は、人類の科学的知識を賢明に利用し、それに従って環境を保護してやれば、さらに多くの人々に食をもたらしてくれる。将来、世界的に農業人口は激減するであろう。さらに、近代的農業は伝統的な農業とは全く異なるものとなるであろう。

グローバル化は急速に進展しており、そこから逃げ出せると信じている国家は十分な競争力を失うので、長期的には生き残ることができないであろう。グローバリゼーションは人類を大きな家族とするのだ。今日、人類はこの転換を多かれ少なかれ平和的なものとするのか、かつてのように、ますます危険度を増し、やがては人類も地球をも破壊しかねない武器を用いたものにするのか選択しなければならない。

歴史をみると、国家にはそれを生み出した個人のようなライフサイクルがあることが分かる。来ては過ぎ、生まれ、成長し、境界は変わり、衰え、崩壊する。これは自然のプロセスであり、人類はもっとゆったりと考え、平和的に形作ろうとすべきである。

二百年前、現在の国境の内側だけで存在した国家はほとんどない。フランス、スペイン、ポルトガル、英国などは植民地帝国を築き、今日よりもはるかに大きかったが、一方米国のように現在よりも小さい国家もあった。米国は十九世紀に入り、南部や西部の広大な地域を征服し、またアラスカを獲得したことで大きくなったのだ。スイスですら、十九世紀半ばに国土を増やしている。リヒテンシュタイン侯国は、過去三百年にわたり、国土が全く変化しなかった稀有な例のひとつであろう。

国家が生まれては消え、成長しては衰えるのは幸にも不幸にもかなり平和的な過程であり、革命、内戦、侵略戦争などでも国家は誕生し、消滅する。二百万年前、ホモ・エレクトゥスは平和的な生き物ではなかったであろうし、武器を手に戦場となった自らの領土で雌雄を決していたのではないであろうか。筆者は三千年紀にもこんな豪華な真似ができるとは思わない。国家のライフサイクルを決めるに当たり、戦場で握りしめた武器は、民主主義国の法の支配がもたらした投票箱の前で握りしめる投票用紙に置き換えるべきである。

物理的、社会的、そして遺伝子的に、人類はいまだ狩猟採集時代のままであり、知性も、国家体制も農耕時代のままである。しかし、宇宙旅行をする時代は始まっているのだ。宇宙時代の幕開けに当たり、人類には全く新しい次元が待っていることが分かるであろう。我々は、互いに争うのではなく、新たな次元に手を伸ばせばよいのだ。二十世紀末、各国が莫大な財政支出と技術とを傾けて競ったことで、宇宙時代の扉が開いた。二十一世紀のはじめ、民間企業が宇宙における国家の役割を徐々に引き継いできている。人類の将来は宇宙にあると言われても、ほとんどの人が想像すらできないであろう。だが、アフリカに現れた最初の人々は、およそ十万年後にアフリカから出た人類が惑星のほとんどに住み着くなど想像すらできなかったであろう。

人類はおそらく太陽系の限界も超えるであろうし、地球に棲むまでに必要だった時間よりも短い間に、銀河系へと拡がっていくであろう。光よりも早く進める宇宙船は存在せず、それゆえに然るべき時間のなかでこの大きな差を埋めることはできないという議論をよく耳にするが、アインシュタインやその他の科学者の理論を注意深く分析すると、乗り越えられない障害ではないようにも思える。この問題をより詳細に論じることは本書の枠をはるかに超えてしまうが、この大きな差は比較的短期間に克服し得るとする物理理論がある。優れた科学者たちが定期的に集まり、何年にもわたりこの問題を私的に検討している。ＮＡＳＡ、アメリカ航空宇宙局も、従来のロケットサイエンスにかわって、太陽系を超えた宇宙旅行を可能とする技術について検討する会議を開いている。

十九世紀において、いつか人類は月まで飛んでいくなどという話は単なるユートピアに過ぎなかった。当時の科学者たちは、それを可能とするまともな理論を持ち合わせていなかったのだ。二十世紀後半、人類は月まで飛び、そして上陸した。二十一世紀初頭、短時間での有人星間飛行を実現するための理論は構築されているが、あと数十年もすればそれが現実に実行し得ることを科学が証明することであろう。そして、何百年後かには、人類が銀河系に定住を始めるのではないであろうか。しかし、科学では驚くべきことが常に起こる。百年以内に人類は月まで飛ぶと勇気をもって予言した十九世紀の科学者は皆、非現実的な夢想家と呼ばれたものだ。三千年紀が幕を開けた今、この千年紀の末には人類は技術的にも銀河系に定住できると勇気をもって予言する科学者は、用心深過ぎたと言われることになるかもしれない。

近年の研究によると、急激な気候変動のせいで、過去八億年の間に何度も地球上の生命体は壊滅しているという。そのような気候災害がなぜ起こるのか正確にはわかっていないが、計算上、直径がたった数キロの天体が衝突しただけでもそのような壊滅的な影響が出るようだ。太陽系にはそのような天体が数多くあり、それらの軌道はかなり複雑なため、長期間にわたって正確に算出することができない。我々人類は皆、地球というひとつの船に乗っているのだ。互いに戦うよりも、まずはこの船が良好な状態にあり、将来世代もこの船で生きていけることを確かなものにし、次に人類がいつかもうひとつの船を手に入れられるよう努力すべきであろう。

銀河系に定住することは、人類にとって極めて大きな一歩である。しかし、その一歩も、アフリカの暖かい地域に生まれた生物が極地に定住することに比べれば小さなものである。人類の精神はあらゆる障害を乗り越えることができる。障害となり得るのは、その大きな距離ではなく、農耕時代の思考や行動に形作られた我々の知性である。我々はそのくびきから自らを解き放ち、新たな次元を切り開いていく自由を獲得しようではないか。

付記

三千年紀の憲法草案

X王国（Y共和国）憲法

第一章　X王国（Y共和国）

第一条

一、X王国（Y共和国）は、民主主義と議会制とに基づく国家連合であり、その域内に存する国民がともに自由かつ平和に繁栄を享受できるよう、その国民に資するべきものである。

二、国家の主権は王（大統領）ならびに国民に存するものであり、憲法の規定に従って発動される。

第二条

一、国家は、他の国家、国家連合ならびにそれに類する組織との関係において、国民と国家の利害を代表する義務を有する。

二、国家は、特に、教育、社会保障、保健衛生、運輸ならびに環境に関する規制および地域コミュニティの自治と役割に関する規制について、国民が自由かつ平和に繁栄を享受することを可能とする法ならびに法令を発布する義務を有する。

三、国家は、憲法、法ならびに法令が順守されることを保証する義務を有する。この目的を達成するために、国家は裁判所、検察ならびに警察の活動資金を提供しなければならない。

四、国家は、教育、社会保障、保健衛生、運輸ならびにその他の分野を司る組織を所有することも運営することも許されない。それらの組織は、地域コミュニティ、地域コミュニティの連合体、民間企業または民間組織に委ねなければならない。

第三条

一、国家は自らの活動に充てる資金を獲得するために、付加価値税、関税およびその他適用される間接税から得られるすべての収入を獲得する権利を有する。地域コミュニティは、個人または法人にかかるすべての直接税に関して徴税権を有するものとする。なお、国家は、徴税権の乱用を防止し、地域コミュニティ間の矛盾を回避するために、直接税にかかる原則を策定する権限を有する。

二、国家は、その収入をすべて費消してしまうのではなく、毎年発生した余剰金を、地域コミュニティにその人口に応じて分配するものとする。余剰金の一部は、法律に則り、義務教育を課せられる者に対して、教育バウチャーの形式で分配されなければならない。

三、国家は、法律が規定する特別な状況を除いて、保証を供し、借入れを行うことは許されない。これにかかる法律は第三十一条に規定する国民投票によって採択される。借入れは十年以内に国家の余剰金から返済されなければならず、保証は抹消されなければならない。

第四条

一、王国（共和国）の領土は、法律に基づいてのみ、その境界線を変更され得るものとする。各地域コミュニティは、自ら国家連合を離脱する権利を有するものとする。コミュニティに居住する有権者の過半を以て、コミュニティが国家を離脱するための手続きを進める意思があると認めるものとする。離脱の手続きは法律または国家の条約に基づき行われるものとする。国家の条約を締結する場合は、当該条約交渉が妥結したのち、当該条約にかかる住民投票を地域コミュニティにて行うものとする。

二、地域コミュニティ間の境界の変更、新たなコミュニティの創設ならびに、既存のコミュニティの統合は、当該コミュニティに居住する有権者の過半の同意を以て行われるものとする。

第二章　王（大統領）

第五条

王位は世襲のものであり、王位の継承、王または皇太子の成人ならびに必要となる後見については、王室の家憲に従って決せられるものとする。

（大統領は、投票権を有する国民の自由秘密選挙によって選出され、任期は四年間とする。再選はこれを認める。大統領選挙は、四年間の任期が満了する六週間前もしくは大統領職が任期満了前に不在となった六週間後に行われるものとする。大統領職が、死亡、辞任または解任（第十二条）によって任期満了前に不在となる場合には、新たな大統領が選出されるまでは、国会議長がその任務を代行するものとする。

大統領選挙に立候補する者が三名以上いる場合には、有権者は一回目の投票では二票を有するものとする。国民は、決選投票へ進出させるべく二名の候補者に対して、それぞれ一票を投票しなければならない。一回目の投票における上位二名が決選投票に進むことができる。決選投票は、一回目の投票が行われた十四日後に実施されるものとし、有権者は一票を有するものとする。決選投票にて絶対多数を得た候補者が大統領に選出されるものとする。）

第六条

一、王（大統領）は国家元首として、本憲法ならびに他の法律の規定にしたがい、その主権を行使するものとする。

二、王（大統領）個人は、告訴の対象とはなり得ず、法的に責任を有するものではない。第十一条にもとづき国家元首としての職務を執行する、王室に属する者（国会議長）についても同様とする。

第七条

一、王（大統領）は、諸外国との関係において、国家を代表するものとし、政府の参画を侵害してはならない。

二、国土の割譲が為され、国家財産が払い下げられ、国家の大権が毀損せられ、また国民の権利を害する義務が課せられる条約は、国会による批准が為されるまでは効力を発しないものとする。

第八条
一、すべての法律、予算、債務、税金ならびに国家の役割（第三条）は、王（大統領）による裁可を以て効力を発するものとする。
二、緊急の際、王（大統領）は、緊急勅令を発布し、国家の安全ならびに福祉を守るために必要な措置を講ずるものとする。緊急勅令は、憲法ならびに憲法の各条文の効力を停止するものではなく、憲法の特定の条文の適用を制限するものである。緊急勅令は、すべての国民の生存する権利を制限するものではなく、拷問ならびに非人道的取り扱いの禁止、奴隷ならびに強制労働の禁止、さらには罪刑法定主義を制限するものでもない。さらに、本条文、第五条、第十二条、第四十七条ならびに王家家憲も、緊急勅令による制限を受けないものとする。緊急勅令は、その発布後六カ月以内に効力を停止されるものとする。
三、王（大統領）は、本憲法の規定（第三十九条）にしたがい、裁判官を任命することとする。
第九条
一、王（大統領）は、法律に基づき宣告された罪の免除または軽減、起訴を停止させる大権を有することとする。

二、王（大統領）は、政府閣僚がその職務行為によって罰せられた場合、それが国会による教唆による場合にかぎり、刑の免除または軽減を行う大権を行使することができる。

第十条

王位（大統領）を継承するすべての者は、忠誠の誓約を受けるに先立ち（就任に先立ち）、憲法ならびにその他の法律に従って王国（共和国）を統べる旨、書面にて宣言しなければならない。

第十一条

王は、自らの責務を一時的に果たせない場合、または継承の準備を進める場合において、王家の後継者に対し、国家元首として保持する主権を行使する権限を信託することができるものとする。

（大統領は、自らの責務を一時的に果たせない場合、国会議長に対し、国家元首として保持する主権を行使する権限を信託することができるものとする。）

第十二条
有権者のうち五％を上回る者の同意があれば、その理由を示したうえで、王に対する不信任投票を提案できるものとする。国会は、当該提案がなされた直後の議会で、当該提案を了承し、国民投票に付さねばならない（第三十条）。国民投票において不信任が認められた場合、王はその旨の報告を受けなければならず、王家家憲に従ってこれに対応するものとする。王は、六カ月以内に、王家家憲に従って下された決定を国会に報告しなければならないものとする。

（有権者のうち五％を上回る者の同意があれば、その理由を示したうえで、大統領に対する不信任投票を提案できるものとする。国会は、当該提案がなされた直後の議会で、当該提案を了承し、国民投票に付さねばならない（第三十条）。国民投票において不信任が認められた場合、憲法裁判所（第四十三条）は六カ月以内に大統領を罷免するか否かを決せなければならない。）

第三章　国民の一般的権利及び義務

第十三条

一、すべて国民は法の下に平等である。国民は、法律の規定を厳守したうえで、均しく官職に就くことができるものとする。

二、すべて国民は、性別によって差別されない。

三、国籍の獲得ならびに喪失は法律の定めるところとする。

四、外国人の権利は、第一に条約に基づき規定されるものとし、条約がない場合には互恵の原則に基づいて規定されるものとする。

第十四条

一、すべて国民は、法律ならびに詳則を遵守するかぎり、国家の領土内のいかなる場所に自由に定住し、またあらゆる種の財産を自由に取得することができるものとする。

二、国家の領土に居住する者は、法律を遵守しなければならず、また憲法ならびに他の法律が示す保護を受ける権利を有するものとする。

第十五条
一、すべて国民は、憲法に則った公民権を有するものとする。
二、すべての国民は、満十八歳を経過し、国内に住居をもち、また選挙権を停止されていないかぎり、国家ならびに地域コミュニティにおける事項について、あらゆる政治的権限を行使できるものとする。

第十六条
一、人身の自由、住居の自由、信書ならびに文書の秘密は、これを保障されなければならない。
二、法律または令状によらなければ、何人も逮捕または拘束されず、家宅の捜索または身体、信書もしくは文書の検査を受けず、信書もしくは文書は押収されない。
三、何人も、無罪であるにも関わらず不法に逮捕されたのち、無罪の判決を受けたときは、裁判所の定めに従い、国に全面的な賠償を求めることができる。国家が第三者への対抗要件を満たすかどうかは、法律によって規定されるものとする。

第十七条

一、何人も、裁判所において裁判を受ける権利を奪われない。特別裁判所は、これを設置することができない。

二、何人も、法律によるものでないかぎり、刑罰を課せられない。

三、被告人は、いかなる場合でも抗弁権を有するものとする。

第十八条

一、私有財産は、これを侵してはならない。

二、私有財産は、裁判所が定める正当な補償のもと、これを公共のために用いることができる。

三、私有財産は、法律の定めるところに従い、これを没収されることがある。

第十九条
商業および工業は、法律の定める範囲において、これを自由に行うことができる。商業上あるいは工業上の特権は、法律の定める期間において、これを認めるものとする。

第二十条
信教および良心の自由は、これを侵してはならない。あらゆる宗教は、公序良俗に反しないかぎりにおいて、宗教上の行為または儀式を執り行うことができる。

第二十一条
一、言論、出版その他一切の表現の自由は、法と道徳の範囲において、これを保障する。
二、集会および結社の自由は、法の範囲において、これを保障する。

第四章　国会

第二十二条

国会は、憲法の定めに従い国民が自ら決することのないすべてについて、国民を代表するものとする。国会は、次に挙げる権限を有するものとする。

A）立法ならびに条約の批准を行う

B）王（大統領）に対し、政府閣僚の提案を行い、信任を得る

C）裁判官の任命を行う

D）国家の予算、借入（第三条）ならびに税金及び関税（第三条）について承認する

E）国の行政府を管理する。国会がもつ監督権は、裁判所の判決または王（大統領）の活動には及ばないものとする

第二十三条

一、国会の定数は二十五名とし、国民による、秘密、直接投票による普通選挙によって選出されるものとする。議席数は、国家全体の有効投票総数のうち四％を上回る票を獲得した政党に分配されるものとする。

二、すべての政党は、各議員について一人の代理を指名することができ、議員が国会に参加できない場合には、当該議員の代理を務めることができるものとする。国会に参加できない議員は、速やかに国会議長にその旨報告しなければならない。

三、閣僚ならびに裁判官は、同時に国会議員たることはできない。

四、選挙の方法にかかる詳則は、特別法に定めるものとする。

第二十四条

王（大統領）は、国会議員の選挙後、四週間以内に憲法制定会議を召集、開会するものとする。当該会議において、国会は議長ならびに副議長を選出するものとする。その後の国会は国会議長または副議長によって召集されるものとする。王（大統領）、国会議長ならびに副議長とは別に、国会議員は八名を上回る同意があれば国会を召集することができる。

第二十五条

国会議員の任期は四年とする。王（大統領）または国民は、国会を解散し、選挙を行うことを命ずる権限を有するものとする。国会が解散されたときは、解散の日から二カ月以内に選挙を行わなければならない。有権者の五％を上回る同意をもって、国会の解散を決する国民投票を提案することができるものとする。

第二十六条

一、国会議員は、現行犯として逮捕される場合を除いて、国会による同意がなければ、国会の会期中逮捕されない。

二、現行犯として逮捕された場合は、逮捕およびその理由を速やかに国会に報告しなければならず、国会は当該逮捕を認めるか否か決することができる。国会の要求があれば、事件に関するすべての書類を速やかに国会に提出しなければならない。

三、国会の会期以外に、国会議員が逮捕される場合は、逮捕およびその理由を同時に国会議長に報告しなければならない。

第二十七条

一、国会の全議員は、国会の開会時に、王（大統領）に対して、次のとおり宣誓しなければならならない。

「私は、憲法と法律とを順守し、国会において国家の福祉を増進すべく、持てる能力と善意のすべてを捧げることに、いかなる他意もないことをここに宣誓致します。」

二、国会議員は、自らの宣誓と信念とにのみもとづいて投票しなければならない。国会議員は、自らの投票、国会または委員会での発言に責任を問われることはない。国会議員は、国会に対してのみ責任を有するものであり、この点について法廷で問われるものではない。懲罰権の行使は、後に定められる手続規則によって規定されるものとする。

三、国会は、決議による手続規則を、憲法の詳則に照らしたうえで採用するものとする。それらの規則は、とりわけ、国会における委員会の組織、国会における選挙ならびに投票、国会議員の報酬を規定するものとする。

第二十八条

国会は、国会議員の選挙の有効性について、選挙記録と、該当する場合は憲法裁判所の判決とを基準に精査しなければならない。選挙に関する訴えは憲法裁判所に照会されるものとする。

第二十九条

一、発案権は次の者に与えられる。

A）王（大統領）

B）国会

C）政府

D）有権者の五％を上回る同意を得た者

二、公費が発生する法案は、それが単年度のものであろうと、複数年度のものであろうと、必要な予算の提案が伴うものであれば、国会においてのみ議論されるものとする。

三、憲法に従った法案は、可能であれば国会の次の会期で討議されるものとし、法案提出から六週間以内に討議に付されるものとする。

第三十条

一、国会を通過した法律、条約（第七条）、債務ならびに関税（第三条）は、国会が決議した場合、または有権者の五％を上回る者の要請がある場合、国会決議から六週間以内に国民投票に付さなければならない。

二、国民投票に付される国会決議は、国民投票が実施された後、または国民投票の請求が行われる六週間以内にいかなる請求も行われなかった場合、王（大統領）に提出されなければならない。

三、発案権（第二十九条）の定めにしたがい提出された法案を国会が否認した場合、同法案は六週間以内に国民投票に付さなければならない。国会は、国民に対し代替案を提出する権利を有するものとする。当該代替案が提出されない場合、国民投票の結果を優先するものとする。法案の制定ならびに否認は、全有権者の有効投票数の絶対多数をもって決するものとする。

四、発案権ならびに国民投票にかかる詳則は、法令を通じて発布されるものとする。

第三十一条

一、国家行政について、政府は国会に対し、次年度の歳入ならびに歳出の予算案、および課税にかかる提案を提出し、承認を得なければならない。

二、各年度の上半期が終了した時点において、政府は国会に対し、当該年度に実現した歳入ならびに歳出を予算案と比較可能な形式をもって提出しなければならない。なお、当該実現値が正当と認められる範囲において予算案を超過した場合には、国会はこれを承認するものとし、正当と認められない場合には政府は国会に対し、説明義務を負うものとする。

三、政府は、予算の定めのない緊急事項について費用を計上する権限を有するが、前項同様の説明義務を負うものとする。

四、予算に計上した個別事象において余剰金が発生した場合、当該余剰金を他の事象に充当することはできない。

第三十二条

一、他の規定に該当しないかぎり、法は官報に掲載された日から八日を経過した時点で効力を発するものとする。

二、法、予算案、条約、規則ならびに国際機関による決議または国際条約に起因する法令は法にしたがって公布されるものとする。国際条約に起因して、王国（共和国）で施行された法令については、外国法の参考資料公刊物として簡素なかたちで公布されるものとする

第五章　政府

第三十三条

一、国家行政は、憲法および他の法律が規定するところにしたがい、王（大統領）および国会に責任を負う政府によって運営されるものとする。

二、特定の職務については、法または法的拘束力を有する権限のもと、公務員、政府職員または特別に設置する委員会が独立して執行することができるものとする。なお、当該執行にかかる責任は政府が負うものとする。

第三十四条

一、政府は、首相ならびに四名の大臣により構成されるものとする。

二、首相ならびに大臣は、国会の同意またはその提案にもとづき、王（大統領）が任命するものとする。政府を代表する首相ならびに各大臣が閣議に参加できなくなった場合、同様の手続きにより後任者を任命するものとする。

三、首相ならびに大臣は、王（大統領）に対し、次の宣誓を行うものとする。

「私は、憲法と法律とを遵守し、国家の福祉を増進することを誓い、持てる能力と善意のすべてを捧げることに、いかなる他意はないことをここに宣誓します」

四、第三十七条の規定にしたがい、政府の任期は四年とする。

第三十五条

一、政府は、すべての法を執行し、法の認める範囲において王（大統領）または国会の命令に従わなければならない。

二、政府は、法ならびに適用される条約を執行するにあたり必要となる法令を、当該法ならびに適用される条約の枠組みのなかにおいて、発布することができる。

三、その他条約の義務をはたすために、法を発布する必要のないかぎりにおいて、政府は法令を発布することができる。

四、国家行政は、憲法、法ならびに適用される条約の枠組みのなかで執行されなければならない。この点について、行政機関はその判断にもとづいて行動する自由を保持するが、法が定める枠組みを遵守しなければならない。

第三十六条
　次の事項は政府の管轄とする。
A）国家行政の監督
B）裁判官ならびに国会勤務者を除く公務員の採用ならびに解雇
C）年度予算の策定ならびに過年度の活動報告。当該予算ならびに報告は王（大統領）ならびに国会に提出されるものとする
D）行政手続きの策定。当該手続きは公表されるものとする

第三十七条
一、政府が王（大統領）または国会の信任を失った場合、政府を運営する権限を失う。新たな政府が組織されるまでは、王（大統領）はすべての国家行政を引き受ける暫定政府を任命するも

のとする。王（大統領）は、旧政府の大臣を暫定政府のそれに任命することができる。王（大統領）が国会の同意またはその提案に基づき（第三十四条）新政府を任命しないかぎりにおいて、暫定政府は四カ月以内に信任投票を受けなければならない。

二、個別の大臣が王（大統領）または国会の信任を失った場合、王（大統領）と国会との同意に基づき解任の決定が下される。政府の新たな大臣が任命されるまでは、副大臣が任務を継承するものとする。

第六章　裁判所

A．総則

第三十八条

一、裁判所の運営は、王（大統領）ならびに国民の名のもと、王（大統領）が任命した裁判官（第八条）により執行されるものとする。判決は、王（大統領）ならびに国民の名のもとに下されるものとする。

二、裁判官は、司法ならびに司法手続きについて、法の範囲において独立したものとする。判決は、判決理由をともなって下されなければならない。憲法の定める範囲にかぎり（第九条）、司法行政は他の国家機関の影響を受けるものとする。

三、本条が規定する裁判官とは、普通裁判所（第四十条ならびに四十一条）の裁判官、行政裁判所（第四十二条）の裁判官、ならびに憲法裁判所（第四十三条）の裁判官をいうものとする。

第三十九条

一、裁判官の任命にあたり、王（大統領）ならびに国会は任命委員会を組織するものとする。王（大統領）が委員長を務め、決定投票をできるものとする。王（大統領）は、当該委員会の構成員として、国会が推薦する者と同数の者を推薦できるものとする。国会は、各選挙区から一名を委員会に参加させるものとする。政府からは法務大臣が参加するものとする。委員会の審議内容は非公開とする。委員会は、国会に候補者を推薦するにあたり、王（大統領）の合意を得なければならないものとする。国会が当該候補者を選出した場合、当該候補者は王（大統領）により、裁判官として任命されるものとする。

二、委員会が推薦する候補者を国会が否認し、また四週間以内に新たな候補者が選出されない場合には、国会は代替候補を示し、国民投票に付さなければならない。国民投票において、有権者は法案提出権の手続きに従い（第二十九条）、候補者を推薦する権限を有するものとする。候補者が三名以上の場合、第四十七条の規定にしたがい、国民投票は二回開催される。投票総数の絶対多数を獲得した候補者が、王（大統領）により、裁判官として任命されるものとする。

三、裁判官は、後任者が就任するまでは、現職に留まるものとする。手続き、裁判権行使回避、報酬ならびに関係機関から支払われる費用などに関する詳則は、特別法に定めるものとする。

B．普通裁判所

第四十条

一、第一審は地方裁判所が管轄するものとし、第二審は高等裁判所が管轄するものとし、第三審は最高裁判所が管轄するものとする。

二、第一審における特定の審議は、法律に基づき、特別な訓練を受け、法律の認可を受けた地方裁判所の公務員に委託されるものとする。

第四十一条

最高裁判所は、普通裁判所の構成員ならびに裁判所に勤務する公務員に対し懲罰を与える権限を有する。

C．行政裁判所

第四十二条

一、行政裁判所は、王（大統領）が任命した（第三十九条）五名の裁判官ならびに五名の補欠から構成されるものとする。裁判官の過半数は国民でなければならない。

二、行政裁判所の裁判官ならびに補欠の任期は五年とする。任期は、毎年一名の裁判官ならびに補欠の任期が満了するように設定する。五名の裁判官ならびに補欠の任期を最初に設定する際はくじ引きにより決定されるものとする。裁判官や補欠が任期満了以前に離職する場合、任命された後継者は前任者の任期の残りを務めるものとする。再選は可能とする

三、五名の裁判官は、毎年一名を裁判長に、もう一名を副裁判長に選出するものとする。

四、裁判官が審議に参加できない場合、補欠が代行をするものとする。代行者は輪番制とする。

五、別段の定めがないかぎり、すべての判決、政府ならびに政府が設定した委員会による命令は行政裁判所に申し立てることができるものとする。

D．憲法裁判所

第四十三条

一、憲法裁判所は、憲法で認められている権利を保護するとともに、裁判所および国家行政の権限が対立する場合の判断を下すものする。

二、憲法裁判所はまた、あらゆる法律または国際条約が憲法に合致するか、政府の判断が法令に合致するかを決する権限を有するものとする。違憲と認められる場合、憲法裁判所は無効を宣言することができる。憲法裁判所はまた、選挙裁判所としての役割を果たすものとする。

三、その他定めのないかぎり、第四十二条の規制に準ずるものとする。

第七章　地域コミュニティ及び行政

第四十四条
地域コミュニティの活動ならびに役割における組織ならびに義務については、法律で定めるものとする。

地域コミュニティにかかる法は、次に挙げる原則にもとづくものとする。

A）首長ならびに地域議会は、住人の自由選挙によるものとする
B）市民権ならびにあらゆるコミュニティに居住する自由を住民に供与する権限を有する
C）税を徴収し（第三条）、コミュニティの資産を管理する権限を有する
D）政府の監督のもと、地方警察を運営する

第四十五条
一、国家、地域コミュニティ、公法にもとづく企業、民間組織ならびに財団は、当該組織の代理人である個人が、当該代理人としての権限のなかで違法行為を働いたことで第三者に対し損害を与えた場合、その責めを負うものとする。

二、代理人である個人は、善意または過失を問わず、自らの責務に違反したことで損害をもたらした場合、国家、地域コミュニティ、公法にもとづく企業ならびに財団に対し、説明義務を負うものとする。

三、権限に関する詳則については、別途法律に定めるものとする。

第八章　憲法の維持

第四十六条

憲法の改正または解釈については、王（大統領）、国会または政府が提案し、また法案提出権の定めにしたがい（第二十九条）、為されるものとする。憲法の改正または解釈については、国会の全会一致または、二会期連続での四分の三の多数によって国会の承認を得るものとし、必要に応じて、国民投票に付されるものとする（第三十条）。君主制（共和制）の廃止にかかる手続き（第四十七条）を除く、すべての事案において王（大統領）の同意を必要とする。

第四十七条

一、有権者の五％を上回る者の同意があれば、君主制（共和制）の廃止にかかる法案を提出することができる。法案が国民投票で可決されれば、国会は共和国（王国）の新憲法を策定し、また一年以上、二年未満の期間に国民投票に付さなければならない。王（大統領）は当該国民投票にあたり新憲法を提案する権限を有するものとする。この場合、第四十六条に規定する憲法の改正については、次に挙げる手続きを要するものとする。

二、提案が一つの場合、絶対多数をもって採択されるものとする（第三十条）。提案が二つの場合、有権者は既存の憲法ならびに二つの提案の中から選択することができる。この場合、有権者は第一投票においては二票を有するものとする。有権者は第二投票にかけたいと望む二つの提案にそれぞれ一票を投ずるものとする。第二投票は、第一投票後十四日以内に行われなければならず、各有権者には一票が与えられる。投票において絶対多数を獲得した憲法が採択されるものとする（第三十条）。

第九章　最終規定

第四十八条

本憲法に記される規定に矛盾するあらゆる法律、法令ならびに国家規制は撤回され、無効となる。この基本法則の精神に反する法規制は、憲法に準拠すべく改正されなければならない。

二〇〇七年十二月十一日　於ファドゥーツ

訳者あとがき

原著『The State in the Third Millennium』は、リヒテンシュタイン侯爵、ハンス・アーダムII世による未来の国家像の提言である。リヒテンシュタインに馴染みのうすい読者のために、リヒテンシュタイン侯爵家ならびにリヒテンシュタイン侯国について記しておこう。

リヒテンシュタイン侯国は、スイスとオーストリアに挟まれた、人口三万七千強、国土わずか百六十平方キロメートルの小国で、リヒテンシュタイン侯爵を国家元首とする立憲君主国である。リヒテンシュタインの名が初めて歴史に登場したのが一一三六年と言われている。ウィーンの南、リヒテンシュタイン城に居を構えるフーゴが居城の名を家名としたようだ。その後、南モラヴィア、現在のチェコ共和国東部を治めていたリヒテンシュタイン家は、一六〇八年に至り、カールI世が神聖ローマ帝国の侯爵に叙せられる。一六九九年、時の侯爵ヨハン・アーダム・アンドレアスI世がシュレンベルク男爵領を取得。一七一二年にはファドゥーツ伯爵領を買収する。一七一九年、これら二つの領地が併合され、現在のリヒテンシュタイン侯国となる。一八〇六年、ヨハンI世侯の治世には、ナポレオンによるライン連邦に加盟、主権国家の地位を得る。

一九二一年、ヨハンⅡ世侯が民主憲法を発布。一九三八年には、フランツ・ヨーゼフⅡ世侯が、リヒテンシュタインに居を移し、第二次大戦の戦火から侯国と国民を守りぬいた。その後、現侯爵ハンス・アーダムⅡ世は自主独立の外交政策を維持し、一九九〇年には国連に、一九九五年には欧州経済領域（ＥＥＡ）に加盟している。

このリヒテンシュタイン侯国、規模こそ小なれど、その経済力は世界でも最高の一人当たりＧＤＰを叩きだしているのだ。ライン川と二千メートル超のアルプスに挟まれた長閑な地を行くと、果たしてここが世界で最も裕福な国かと思うほどの田舎町だ。しかし、その長閑な田舎町を進むと、それぞれの分野で世界トップクラスのシェアを誇る製造業の工場がいくつも点在し、一方で、時折姿を現す堅牢な建物にはＢａｎｋの文字が掲げられていることに気づく。富裕層を対象としたファミリーオフィスの事務所を訪ねた時には、通りの反対側で乳牛が何頭も放牧されていた。この国を何度となく訪れた訳者は、リヒテンシュタインとはどのようなところかと問われると、「世界最高級の田舎町」と答えることにしている。

本書はまさに、このアルプスの奇跡とも言える、リヒテンシュタインの戦後経済発展を主導したハンス・アーダムⅡ世侯による「小国のすすめ」である。欧州最後の絶対君主とも揶揄されるリヒテンシュタイン家であるが、実際には、極めて民主的な存在だ。二〇〇三年の憲法改正では、国民の発言力を高める一方で、君主の権限を強化してもいる。つまり、侯爵の国家元首としての去就は国民の意思に委ねるが、国民が侯爵に元首の役割を期待するならば、世襲君主らしく大きな権限をもって国家運営に臨む、というのだ。第二次大戦後、アルプスの貧しい農業国を世界最高の富裕国にまで育て上げた侯爵ならばこその改革であろう。

侯爵が説く未来の国家像は、極めてシンプルだ。曰く、国家は国民に資する存在でなければならず、そのためにはあらゆる権限を国民に委譲し、外交など最小限の責務だけを負うべし、と。これを極論だと退けるのは早計であろう。原書が出版された二〇〇九年以降だけでも、世界は大きな変革に見舞われている。その一つ一つに対しても、侯爵の言はまさに正論、と言わざるを得ない。そこには、九百年にわたり欧州を生き抜いてきた一族の長としてのプライドと、欧州でも最も貧しい農業国であったリヒテンシュタインを百年に満たない間に、世界最高水準の国家へと導いてきた国家元首としての自信とが垣間見られる。

翻って、我が国の歴史を鑑みると、大国たらんとして過ちを犯したことが少なからずあるのではなかろうか。その最たる例が太平洋戦争という愚行であろう。戦後、これまた奇跡と呼ばれるほどの復興を成し遂げ、いまや我が国が国際社会にもつ影響力は大国のそれに比肩するものであることは事実である。しかし、大国を志向したかのような政策が往々にして、悲惨な結果を招いているとも言えるのではないだろうか。

戦後七十年を過ぎて、憲法改正や皇位の問題など、改めて日本のあり方を見直そうという動きが大きくなってきている。他所に範を求めたがるのは日本人の性だとしても、かつてその背中を追った欧米先進国は我が国以上に諸問題に頭を悩ませているのが実情だ。しかし、世界には学ぶべき例は他にいくらでもあろう。そのひとつが、アルプスの小国リヒテンシュタイン侯国であり、そのリーダーであるリヒテンシュタイン侯爵ハンス・アーダムⅡ世であると確信している。

二〇一六年は侯国と日本との正式国交が樹立されて二十周年である。この節目の年に、本書を訳出し、我が国の将来さらには、両国の益々の友好親善に資することができれば幸いである。

二〇一六年九月　於　リヒテンシュタイン侯国　ホテル・シャッツマン

日本リヒテンシュタイン協会
事務局長　大橋貞信

ラ

リ

フ

ヘ

ソ

タ

チ

ス

シ

サ

ク

ウ

エ

オ

索引

三千年紀の国家

2016年11月15日　初版発行

著　者　リヒテンシュタイン侯爵
　　　　ハンス・アーダムⅡ世
訳　者　日本リヒテンシュタイン協会
発行人　大井敏行
発行所　株式会社　郁文堂
　　　　113-0033 東京都文京区本郷 5-30-21
　　　　電話 [営業]03-3814-5571　[編集]03-3814-5574
　　　　振替 00130-1-14981
デザイン・組版　岡崎さゆり
印刷・製本　シナノ印刷

ISBN978-4-261-07330-0